看图学以色列格斗术

继续者张付 / 编著

人民邮电出版社

北京

图书在版编目（CIP）数据

看图学以色列格斗术 / 继续者张付编著. -- 北京：
人民邮电出版社, 2024.8
ISBN 978-7-115-62789-6

Ⅰ. ①看… Ⅱ. ①继… Ⅲ. ①格斗－基本知识－以色
列 Ⅳ. ①G85

中国国家版本馆CIP数据核字(2023)第185887号

免责声明

本书中的信息针对成人受众，并且仅具娱乐价值。虽然本书中的所有建议都已经过事实检查，并在可能情况下进行过现场测试，但大部分信息都具有推测性，并且要取决于实际情况。出版商和作者对任何错误或遗漏不承担任何责任，并且对包括在这本书中的信息适用于所有个人、情况或目的不作任何明示或暗示的保证。在尝试这些页面中所列举的任何活动之前，确保了解自己的局限，并充分研究所有相关风险。书中提及的某些行为，在不同地区受到不同法律、法规限制，请务必遵守当地相关法律、法规。读者为自己的行为承担所有风险和责任，出版商和作者对此处所提供信息可能导致的任何损失或任何一种损害（间接的、连带的、特殊的等）概不负责。

内 容 提 要

本书由多年从事以色列格斗术体系研究、具有以色列格斗术丰富教学经验的继续者张付老师，参考世界上多种体系的以色列格斗术内容，为以色列格斗术初学者所编写的入门级学习用书。

本书共 5 章，第 1 章详细介绍了以色列格斗术的攻击手段；第 2 章讲解了以色列格斗术应对站立缠斗的方法；第 3 章进一步讲解了以色列格斗术应对站立打击技的方法；第 4 章介绍了以色列格斗术的地面格斗技术；第 5 章阐述了以色列格斗术徒手对武器策略与技术。无论是专业的武者，还是普通人，都能从本书中找到适合自己学习的技术内容。

◆ 编　著　继续者张付
　　责任编辑　刘日红
　　责任印制　彭志环
◆ 人民邮电出版社出版发行　　北京市丰台区成寿寺路 11 号
　　邮编　100164　电子邮件　315@ptpress.com.cn
　　网址　https://www.ptpress.com.cn
　　北京虎彩文化传播有限公司印刷
◆ 开本：700×1000　1/16
　　印张：9　　　　　　　　　　2024 年 8 月第 1 版
　　字数：181 千字　　　　　　2025 年 10 月北京第 7 次印刷

定价：39.80 元

读者服务热线：(010)81055296　印装质量热线：(010)81055316
反盗版热线：(010)81055315

第 1 章

以色列格斗术的

攻击手段

以色列格斗术的攻击手段既包括自身各种不同体系的通用技和其他格斗流派的通用技, 也包括以色列格斗术自身所特别强调的特殊攻击手段。以下介绍中, 一些特殊的攻击手段可能造成受击者受伤, 因此训练时要特别注意安全。

- 站立格斗架势与基本移动
- 通用站立打击技攻击手段
- 特殊站立打击技攻击手段
- 格挡技术
- 地面技基础
- 关节技与绞技
- 打击技基本攻击路径

1.1 站立格斗架势与基本移动

1.1.1 站立格斗架势

站立格斗架势左势（图1-1）：惯用右手者一般选用的架势。左手和左脚在前，右手和右脚在后，两脚分开，身体以左半侧面面向目标；双手呈拳或微张开的手型举至肩高，右手护住右下颌，两肘夹紧双肋。

图1-1

站立格斗架势右势（图1-2）：惯用左手者一般选用的架势。右手和右脚在前，左手和左脚在后，两脚分开，身体以右半侧面面向目标；双手呈拳或微张开的手型举至肩高，左手护住左下颌，两肘夹紧双肋。

以色列格斗术站立格斗架势的作用：使全身关节微屈，肌肉绷紧，以对外力冲撞产生更好的平衡应激。

图1-2

動作分析

（1）站立格斗架势下肢动作分析：重心下沉，两腿呈浅弓步微蹲，两脚尖微向内扣或朝前。腿部肌肉呈随时启动状态，可有效防止被撞倒或失去平衡。

（2）站立格斗架势上肢动作分析：前手可以攻击、抓擒或控制距离，后手重拳伺机攻击；两手在腮部两侧握拳，可以随时防御对方攻击下颌的拳法或腿法；两肘在肋部两侧夹紧，将腹部和胸部控制在两手臂的包围保护中；右肘防御对方对胸部右侧的扫腿或肘击，左手防御对方对左侧肋的攻击。如果对方冲过来，可以用双手或前臂顶住向外推，同时身体后撤步。

图1-3

以色列格斗术站立格斗架势的变形（图1-3）：由站立格斗架势开始伺机躬身，重心下降，双手下垂，两手张开并前伸，变成低位以色列格斗术防守架势，以防备对方的主动抱摔。

1.1.2 基本移动

（1）前滑步

动作：以格斗架势站立，后脚发力前推，前脚上步，然后后脚跟步。

作用：用以配合各种前冲类攻击。

（2）后滑步

动作：以格斗架势站立，前脚向后推，后脚向后撤一小步，前脚立刻跟步。

作用：用以配合各种后撤步闪身。

（3）侧滑步

动作：以格斗架势站立，右脚向右蹬推，左脚向左侧跨一小步，右脚立刻向左跟步——完成左侧滑步；也可以左脚向左蹬推，右脚向右侧跨一小步，左脚立刻向右跟步——完成右侧滑步。

作用：完成各种侧向闪躲或闪身。

（4）90度上转步（图1-4a～b）

动作：以左上转步为例，由格斗架势（左势、右势均可）开始，右脚蹬推地面，左脚上前迈一步并将身体右转90度；同时抬左臂，由上至下做下劈动作并向外旋腕。完成后可接撤步回归起始位。

作用：这个步伐可以对付前方直线的拳法或匕首直线攻击，走外侧边路避开对方的直线攻击，为从侧面攻击对方创造条件；同时可作为关节技的步伐，把转身上步的腰腿发力作用在对方的腕关节或肘关节。在对付前方直拳、对付前方匕首直线攻击、对付前方双手掐脖颈、对付前方单手掐脖颈或抓衣领等定

图1-4a　　图1-4b

势时可以用此步伐。90度上转步分为左上转步和右上转步，可依对方出手方向而适时选用。

1.2 通用站立打击技攻击手段

1.2.1 通用裸拳攻击手段

在街头遇袭或军警执行任务时，通常不会出现佩戴拳击手套或综合格斗（MMA）竞技分指手套的情况，使用的拳法攻击几乎都是裸拳。裸拳的攻击威力远大于戴拳套的攻击（裸拳更容易造成人体面部损伤），但是不当的裸拳攻击也增大了自己掌骨、指骨及腕关节受伤的概率。以下的裸拳正确出拳方法及训练方法可以最大限度保留裸拳强大的攻击威力，并减小由于不当使用裸拳而造成的受伤概率。

裸拳直拳

攻击目标：攻击对方头面部，击打下颌可以造成对方晕眩或脑震荡。由于采用裸拳攻击，攻击效果大于戴拳击手套直拳和戴 MMA 竞技分指手套直拳。但是裸拳直拳不宜攻击对方额头和顶骨，以免造成攻击者自身指关节受伤。

（1）前手直拳（图1-5）

我方以格斗架势站立（以左手为前手，右手为后手为例），蹬左腿（左腿股四头肌发力），左侧踝关节内扣并脚尖点地（左腿小腿三头肌发力），向右微转腰（腹外斜肌和腹内斜肌发力），收腹，送左肩（左侧三角肌发力），伸左臂（左侧肱三头肌发力），左腕旋前（由拳眼向上转为拳眼向右——旋前圆肌和旋前方肌发力），打出强有力的一记左直拳。整个过程一气呵成，每一个细节动作都在上一个细节动作的力量和速度的基础上加成新的力量和速度，就像甩出去的鞭子一样，威力最大的鞭梢即为你的拳锋。

图1-5

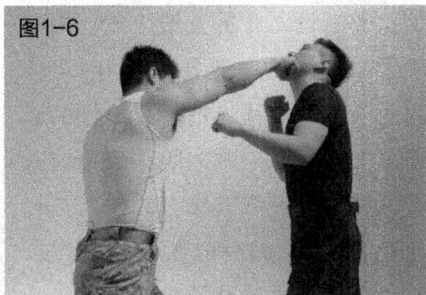
图1-6

（2）后手直拳（图1-6）

我方以格斗架势站立（以左手为前手，右手为后手为例），蹬右腿（右腿股四头肌发力），右侧踝关节内扣并脚尖点地（右腿小腿三头肌发力），向左微转腰（腹外斜肌和腹内斜肌发力），收腹，送右肩（右侧三角肌发力），伸右臂（右侧肱三头肌发力），右腕旋前（由拳眼向上转为拳眼向左——旋前圆肌和旋前方肌发力），打出强有力的一记右直拳。整个过程一气呵成，每一个细节动作都在上一个细节动作的力量和速度的基础上加成新的力量和速度，就像甩出去的鞭子一样，威力最大的鞭梢即为你的拳锋。

（3）左右直拳连击

按照以上前手或后手直拳的出拳方法，出左拳，击打完成后迅速收左拳；蹬右腿，右脚脚踝内扣，向左微转腰，收腹，送右肩，伸右臂，向内旋腕，打出强有力的一记右直拳。左、右直拳交替进行，形成2直拳连击、4直拳连击、6直拳连击，乃至连续1分钟直拳连击。

▶ 训练方法

（1）直拳空击训练，即向空中连续进行左、右直拳训练。

（2）击打沙袋、人偶或胸靶。

（3）口令直拳训练，即交叉出直拳、前进、后退、左侧移、右侧移，随教练口令而改变攻击方向。

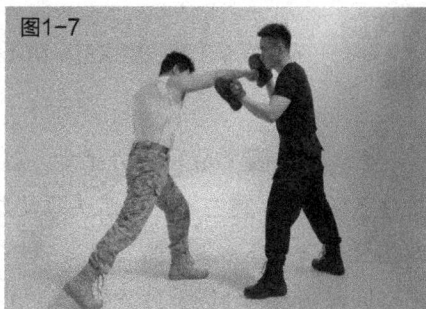
图1-7

（4）直拳击手靶训练，即一人正持手靶，发号命令1、2或3，我方听到指令后出相应数字的拳，交叉拳击靶。

（5）混合击靶训练（图1-7），即单击、双击、三击、四击、击移动靶和口令击靶。

击靶训练加强版——击移动靶：持靶者可变换身体位置，同时用手靶攻击出拳者；我方一边击打移动手靶，一边练习躲闪。持靶者应尽量破坏距离和位置，使我方无法正常发力；我方调整步伐，尽可能正常发力。

击靶训练之持靶者前冲攻击：持靶者可突然前冲，我方要就势出拳将持靶者打回；若我方力量或攻击力道不够，须退后继续攻击。

提示

（1）如果连续左、右直拳攻击同一目标1分钟以上，可以明显感觉到两侧肩膀三角肌前束酸痛。这说明在直拳攻击时，三角肌前束的发力非常显著。

（2）如果身体不协调，直拳发力肌肉链无法实现，可以进行专业直拳肌肉链加强训练。

（3）如果腕关节强度不够，击打重沙袋容易损伤腕关节。

（4）直拳打到最大位置时，肘关节微屈，以免对方躲闪打空后，直拳惯性扭伤肘关节鹰嘴或拉伤韧带。

（5）裸拳直拳击打手靶时，要"点打"，避免摩擦伤及指关节外的皮肤。

裸拳摆拳与平勾拳

攻击目标：攻击头面部，击打下颌侧面可以造成对方晕眩。裸拳摆拳尽量用食指和中指掌指关节攻击目标，避免用小指掌指关节攻击，防止出现小指掌骨骨折的意外。

不宜攻击对方额头和顶骨，以免造成自身指关节受伤。

裸拳摆拳（图1-8）：以发左摆拳为例，以左势格斗架势开始，双手握拳护于下颌两侧；蹬左腿，左脚踝外旋，左脚跟离地；腰向右微转，向左肩、左臂大范围水平内收，用拳锋对准目标摆击，左腕始终挺直，打出左摆拳。要求蹬腿、胸椎扭转、送肩摆击一气呵成，通过摆拳动力链发出强力一拳。

> **提示** 裸拳摆拳击靶注意点打，防止挫伤指关节外皮肤表面。

平勾拳（图1-9）：我方站立，以格斗架势开始，左脚在前，右脚在后，两手握拳护住下颌侧面；蹬右腿（股四头肌发力），向左微转腰（腹外斜肌与腹内斜肌发力），右臂抬至与肩平齐（三角肌发力），肩关节做水平内收动作（由三角肌中束向前束过渡发力，同时胸大肌外侧部分参与发力），使前臂向内画圆，打出一记右平勾拳。动作过程中，拳眼始终朝向自己，握拳后掌心向下。完成右平勾拳后，可接左平勾拳。

摆拳和平勾拳的区别：二者都是手臂从侧面抡摆加速后攻击对方，而各自又有其特点——摆拳攻击距离长，力量大，但造成的空当也大；平勾拳适宜近战，力量略小，但出拳后的空当小，便于快速连击。

图1-8

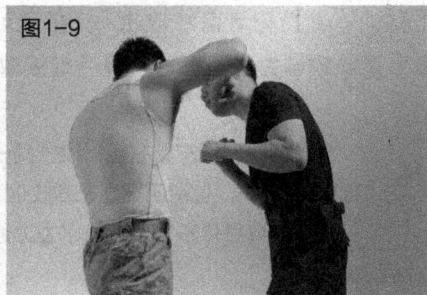

图1-9

▶ 摆拳和平勾拳的训练

（1）空击训练。

（2）击打沙袋、人偶或胸靶。

（3）击打手靶（图 1-10a ～ b）：持靶者的手靶面朝身体中轴线，以便于我方进行训练。图 1-10a 为摆拳击手靶；图 1-10b 为平勾拳击手靶。

图1-10a

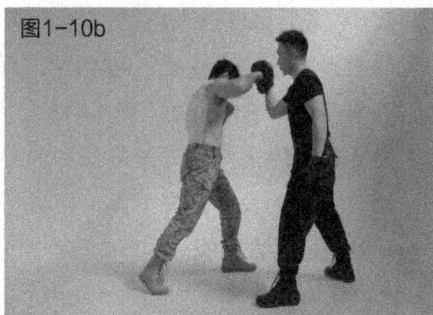
图1-10b

裸拳勾拳

攻击目标：下颌和对方躬身时的面部正面。MMA 竞技中地面拿背位的腋下掏拳也是勾拳的变形。

裸拳勾拳（图 1-11）：我方以格斗架势站立，左脚在前，右脚在后，两手握拳护住下颌侧面，以发右勾拳为例，身体可微下蹲蓄力，蹬右腿（股四头肌发力），身体向上挺，右脚跟外旋，右脚跟离地（小腿三头肌发力）；腰向左微转（腹外斜肌和腹内斜肌发力），向上送右肩（三角肌发力），右臂向上勾击（肱二头肌等长收缩发力），右腕始终挺直，打出右勾拳。要求蹬腿、拧腰、送肩、勾击一气呵成，通过链式发力传导效应打出强力一拳，然后迅速接左勾拳。

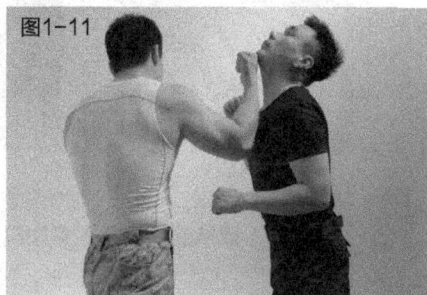
图1-11

▶ 裸拳勾拳的训练

（1）空击或击打沙袋。

（2）击打向下倾斜的胸靶或者手靶（图 1-12）。

图1-12

裸拳下位拳

攻击目标：胸部或腹部。

裸拳下位拳

下位拳包括：下位直拳（图 1–13），下位摆拳（图 1–14），下位勾拳（图 1–15）。

下位拳是专门击打对方腰腹部和肋部的拳法。发动攻击时，我方需先下蹲，再进行相应的攻击，以击打对方胸腹。

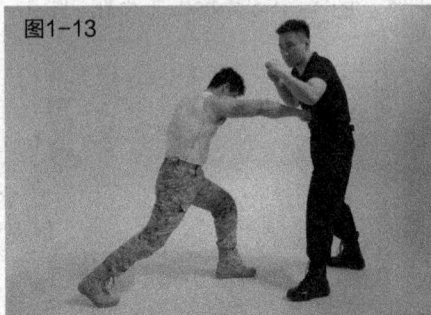

图1-13

▶ 下位拳的训练

（1）空击或击打沙袋训练。

（2）击打胸靶训练：持靶者也要相应下蹲以适应我方的高度。

图1-14

图1-15

提示

（1）裸拳的 4 种基本拳法包括裸拳直拳、裸拳摆拳与平勾拳、裸拳勾拳和裸拳下位拳。

（2）握拳注意事项（图 1–16a～c）：食指、中指、无名指、小拇指从掌指关节开始依次向掌心卷曲，拇指横在食指与中指第二指节侧面。

（3）裸拳的攻击点：使用拳面攻击，尤其尽量使用靠近食指与中指掌指关节的拳面攻击，因为此处的拳面最强，指关节被打伤的概率也最低。

（4）裸拳击靶时要"点打"靶面，以免磨伤拳面皮肤。

（5）裸拳的实战攻击要尽量避免攻击额头，以免手指或掌骨受伤；主要攻击下颌，可以向对方的下颌或颈部进行瞄准出拳；如果对方使用低头躲闪，即使攻击位置向上也通常会攻击对方的鼻眼，减小攻击到额头的概率。

（6）加强出拳的击打力训练、动力链训练及裸拳拳面的硬度训练。

（7）初级训练者可以循序渐进地练习裸拳击靶，初级用分指手套击靶训练 10 次以上，然后升级到护手带裸拳击靶训练 10 次以上，最后进行纯裸拳击靶训练。

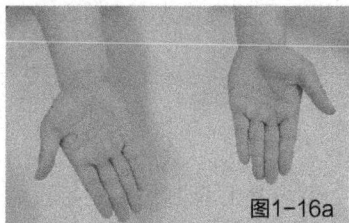
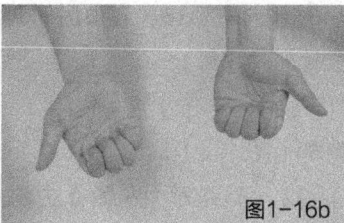
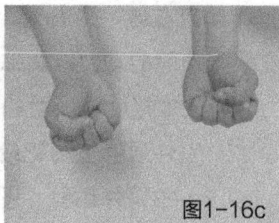

图1-16a 图1-16b 图1-16c

1.2.2 通用肘击攻击手段

平击肘

攻击目标：脸部、下颌侧面、头侧面、后脑。

平击肘（图1-17）：我方以格斗架势站立，左脚在前，右脚在后，两手护住下颌侧面；以右平击肘为例，蹬右腿，胸椎左转，送肩，右前臂抬平，用右肘外侧前臂端尺骨向前攻击，攻击时呼气；也可以交替进行左、右平击肘。

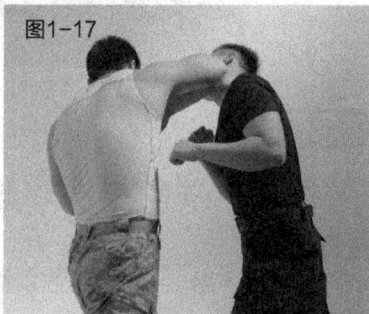

图1-17

▶战术格斗平击肘的训练

（1）平击肘击手靶、脚靶或胸靶（图1-18）。

（2）拉对方右臂的平击肘攻击（图1-19）。

（3）左手抱对方头右侧部的右平击肘攻击。

图1-18

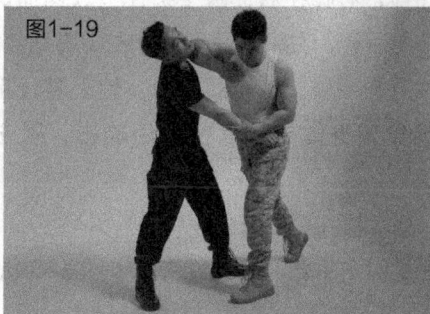

图1-19

外顶肘

攻击目标：主要攻击对方（位于我方侧面）的面部或头部。

外顶肘（图1-20）：我方以格斗架势站立，左脚在前，右脚在后，两手护住下颌侧面；右脚向前跨一

图1-20

步，肩向右送，抬右臂，用肘部向右顶击。右顶肘时可以加入腰部微向左后转的动作。左侧外顶肘的动力链类似。肘击时呼气。

▶战术格斗外顶肘的训练

（1）外顶肘击脚靶或胸靶（图1-21）。

（2）拉臂外顶肘（图1-22）：站在对方左侧或左前方，双方呈 L 型站位，左手拉住对方左手腕并向左猛拉，同时用右顶肘攻击对方头部或胸部。

图1-21

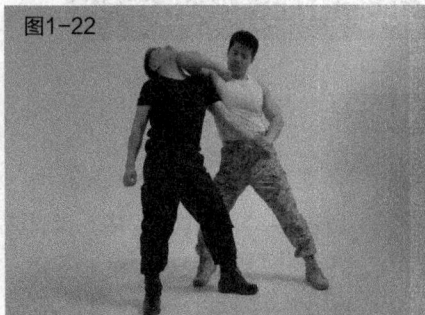
图1-22

后摆肘

攻击目标：主要攻击对方（位于我方后侧）的头面部。

后摆肘（图1-23）：我方以格斗架势站立，左脚在前，右脚在后，两手护住下颌侧面，腰顺时针向后转，左脚蹬地发力，左脚脚跟离地；右肩关节水平外展，向后送肩，抬上臂，用肘部上臂侧借身体旋转惯性向后攻击。肘击时呼气。

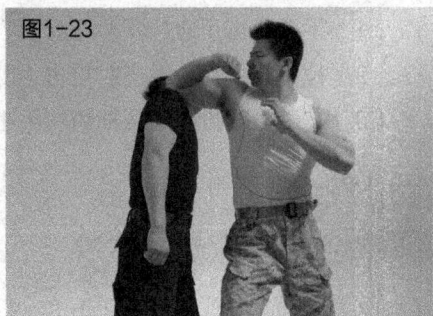
图1-23

▶战术格斗后摆肘的训练

后摆肘击手靶、脚靶或胸靶（图1-24a～b）。

图1-24a

图1-24b

后顶肘

攻击目标：后侧对方（近身）的胸部和头部。

后顶肘（图1-25）：我方以格斗架势站立，左脚在前，右脚在后，两手护住下颌侧面，右臂屈肘，肩关节猛力后伸，用肘部向后顶击。可以利用身体的右转增加击打效果。肘击时呼气。

▶ 战术格斗后顶肘的训练

（1）后顶肘击胸靶（图1-26）。

（2）在对方从后面连臂熊抱时，使用后顶肘辅助解脱。

图1-25

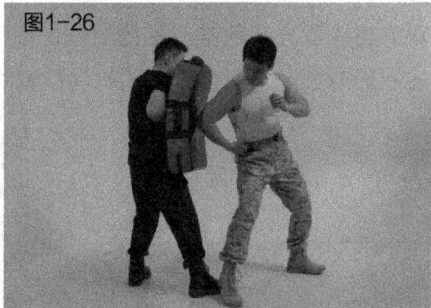

图1-26

提示

（1）以色列格斗术肘法的4种基本攻击包括平击肘、外顶肘、后摆肘和后顶肘。

（2）基本肘法的攻击点：肘部、肘部前臂侧尺骨、肘部上臂侧。

（3）肘击的攻击范围原则：近身后打击技，能用肘不用拳。

（4）肘击时可以把整个体重惯性加到肘击攻击中，攻击效果更好。穿作战服时的肘击，也是打碎玻璃窗的重要手段。

（5）初级训练者可以循序渐进地练习肘法击靶，初级用戴护肘的肘击击靶训练至少4次，再尝试裸肘肘法击靶的训练。

转身后摆肘

攻击目标：头面部。

技术点评：本技术通过转身蓄力得到更大的攻击速度，因此威力比一般肘击大，但是因为动作幅度大，在狭窄环境中不易使出；同时技术对身体协调性要求高，攻击成功率较低。

动作技术：以右转身出右后摆肘为例，面向对方站立，我方突然以左脚为轴身体顺时针旋转180度，借旋转的力量右肩关节外展，右臂屈肘，用右肘上臂侧攻击对方头面部。

▶转身后摆肘的训练

（1）步伐训练：（90+180）度撤步上步步伐训练。

（2）转身后摆肘击打沙袋或胸靶。

▶实战应用——应对对方从前方双手掐颈大力猛推（图1-27a～d）

当对方从前方双手掐颈并用力前推时，向前发力的反击受到阻碍；

于是我方利用"引进落空"思维，向后退，并左撤步逆时针转身90度，同时高举右臂并向左下方砸，目的是用右腋下对敌左腕产生反关节的锁腕效果以迫使对方松手；

然后右脚上步，身体逆时针旋转大于180度，同时进行左后摆肘，用左肘部攻击对方头部；

对方掐住我方并前推产生的惯性，会使其前冲到我方身侧或者更远，而我方转身摆肘旨在利用对方前冲惯性产生的有利位置对其进行打击。

图1-27a

图1-27b

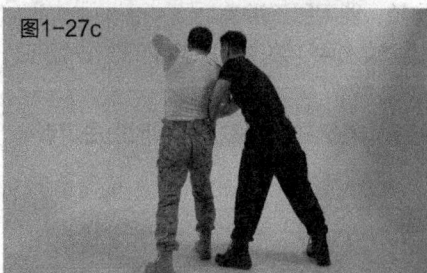
图1-27c

图1-27d

上挑肘

攻击目标：下颌、口、鼻。

技术点评：本技术可作为近身时出其不意的攻击，也可以作为挑肘防御冲撞攻击与"心形防御"冲撞攻击的前导技术。

动作技术（图1-28）：格斗架势站立，身体微蹲蓄力，挺身的同时肩关节快速屈曲，用上挑肘肘部（或肘部前臂侧）攻击对方下颌。在与对方距离过近而无法用上勾拳攻击对方下颌时，可用上挑肘攻击。

▶ 上挑肘的训练

攻击手靶或者胸靶（图1-29）。

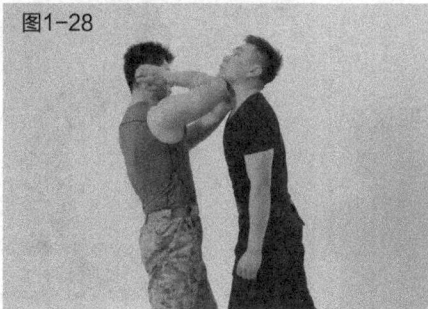

图1-28

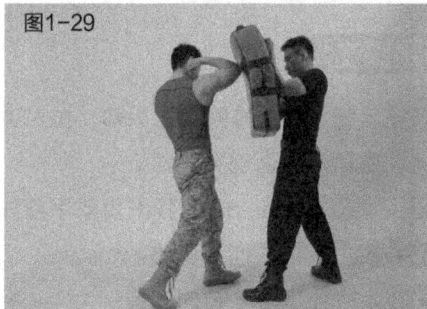

图1-29

下砸肘

攻击目标：头部后侧、背部。

技术点评：本技术的攻击强度和效果巨大，竞技格斗禁用。

动作技术（图1-30a～b）：当对方呈向前躬身姿势时，可以用左臂自下至上夹住对方右臂，再用右臂的下砸肘砸击对方头部后侧。下砸肘主要攻击部位为躬身后对方头部后侧和背部或躺倒在地面上的对方的面部和头部。

图1-30a

图1-30b

▶ 下砸肘的训练（图1-31a～b）

持靶者双手持胸靶的下砸肘训练。

图1-31a

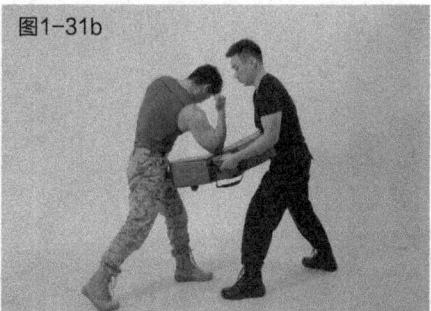

图1-31b

1.2.3 通用膝击攻击手段

箍颈膝击

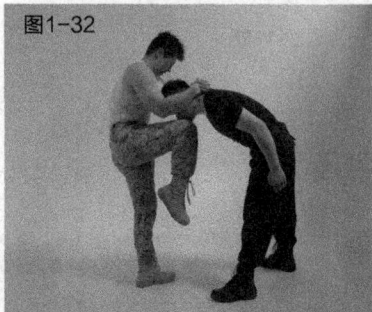
图1-32

攻击目标：抱住前侧对方头部，拉对方头部使其前躬身，膝击对方面部或下颌。

箍颈膝击（图1-32）：我方用双手箍住对方后颈或后脑，用力下拉并向上膝击。

▶ 战术格斗箍颈膝击的训练

持靶者持胸靶在脸前，我方箍颈下拉其头部，并用膝击其挡在面前的胸靶（图1-33a ～ b）。

图1-33a

图1-33b

捋肩膝击腹股沟

攻击目标：非竞技类格斗技术，主要攻击对方腹股沟。

捋肩膝击（图1-34）：以右侧膝击为例，用左手拉对方右上臂后侧，同时用右手拉对方右肩后侧，两手一起用力，爆发性下拉并向上膝击对方腹股沟；攻击时呼气；可以交替进行左、右捋肩膝击。

▶ 战术格斗捋肩膝击的训练

持靶者在体前或体侧竖持靶，我方拉臂、拉肩完成捋肩膝击胸靶（图1-35a ～ b）。

图1-34

图1-35a

图1-35b

1.3 特殊站立打击技攻击手段

踢击腹股沟

攻击目标：利用胫骨末端垂直向上攻击腹股沟薄弱区域，很小力量即可产生很强的攻击效果；也可以在对方前躬身时攻击其面部，或者在对方站立时攻击其下颌。

技术点评：本技术为竞技格斗禁用技术。

动作技术

踢击胸靶（图1-36a～b）：持靶者横持胸靶，即双手将胸靶横过来，双手从两端手柄穿出，抓紧胸靶边沿；胸靶面微朝下以便于我方踢打并模拟腹股沟结构。

以右腿踢击为例：我方以左势格斗架势站立，蹬右脚，右腿快速屈髋，绷直右脚背，膝关节微屈，同时右手向后摆臂，左手微上抬防护左脸，用小腿胫骨末端快速攻击胸靶。

图1-36a

图1-36b

▶ 实战运用

前踢腹股沟（图1-37）和后踢腹股沟（图1-38）。

图1-37

图1-38

提示

（1）用胫骨末端攻击，攻击威力更大。如果用脚背攻击，会使踝关节前侧韧带拉伤；如果用脚趾勾踢，会戳伤脚趾。

（2）前踢腹股沟抬腿摆臂发力模式符合人体走跑动力模式，该动作可训练人体走跑动力模式的协调性。

搓推鼻软骨

攻击目标：鼻软骨。

技术点评：本技术为竞技格斗禁用技术。

动作技术（图 1-39）：用掌根正面由鼻孔处，自下而斜向上搓推；搓推时要配合蹬腿、送胯、脊椎爆发性扭转、送肩、伸臂一系列动力链发力。攻击同时可以伸开攻击手的手指搓击对方的眼睛。搓推鼻软骨攻击时也可以加入另一只手的拉拽动作。

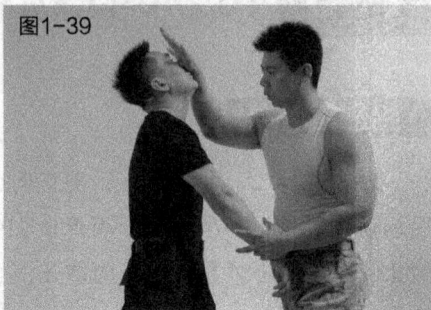

图1-39

▶搓推鼻软骨的训练

（1）搓推空击训练。

（2）搓推击靶训练（图 1-40）：使用胸靶进行搓推鼻软骨训练，要求靶面朝前，微向下倾斜，攻击时手的轨迹是向斜上划圆，而非直线攻击。

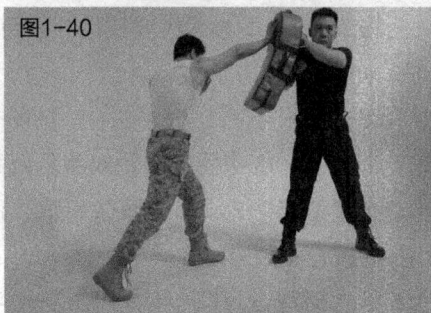

图1-40

抖击

攻击目标：对方（只限男性）裆部。

技术点评：

（1）本技术为竞技格斗禁用技术。

（2）抖击是极近距离与对方贴靠时使用的格斗技术，动作启动征兆小，靠身体快速爆发性动力链在极近距离产生巨大攻击力。从外观上看，并没有大开大合的攻击动作，只有动力链发力过程中的身体抖动。为了便于记忆，笔者将这些近身打击男性裆部的技术总结为"抖击"。

（3）抖击要求在危险情况下一招制敌，第一击攻击成功率较高，重复攻击的效果会递减。

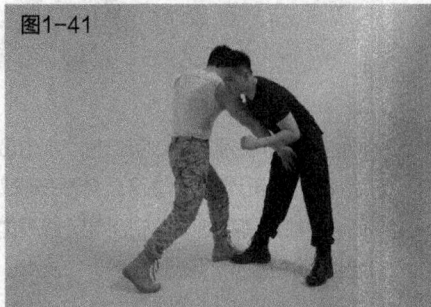

图1-41

动作技术

（1）前抖击（图 1-41）：与对方近身正面贴靠时，我方使用右脚蹬地，躯干微左转，右臂屈曲甩动，使右手像鞭子一样甩向对方裆部；同时左臂屈肘向后摆臂，以增加惯性加成。攻击点是掌面或者半拳的第二指关节。

（2）侧抖击（图1-42）：与对方近身贴靠，对方在我方侧面，以对方在我方右侧为例，我方右脚蹬地，腰部向右送，左脚脚尖点地，右肩关节微外展，右臂屈曲甩动，使右手像鞭子一样甩向对方右侧腹股沟高度；同时左臂屈肘向上微摆臂，以增加惯性加成。攻击点是手部握拳后的小鱼际（与拳锤攻击点相同）。

图1-42

（3）后抖击（图1-43）：与对方近身贴靠，对方在我方后面，以我方右侧后抖击为例，我方左脚蹬地，腰部向右微转，右脚脚尖点地，右肩关节爆发性微伸，右臂甩动，使右手像鞭子一样甩向后侧对方腹股沟高度；同时左臂向前微摆臂，以增加惯性加成。攻击点是手部握拳后的小鱼际（与拳锤攻击点相同）。

图1-43

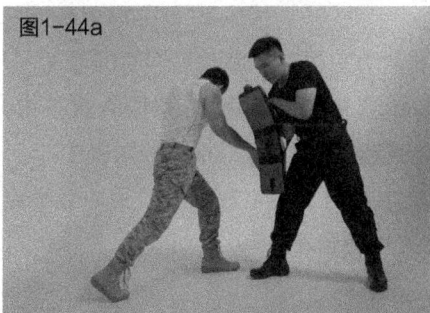
图1-44a

▶抖击的训练（图 1-44a ～ c）
使用抖击攻击胸靶的训练，包括前抖击胸靶、侧抖击胸靶和后抖击胸靶。

图1-44b

图1-44c

推击面部

攻击目标：面部。

技术点评：

（1）本技术为竞技格斗禁用技术。

（2）实战中远距离手指插击面部的成功率很低，而且一旦攻击失手手指插到对方额头，即会造成手指戳伤。戳伤后的手指很难完成握拳和抓握，会造成后续的拳法、摔法、关节技甚至抄起武器等攻击都无法进行。以色列格斗术在近身时使用拇指搓推技术，避免了手指戳伤，增加了攻击成功率。

动作技术（图1-45）：与对方近身正面贴靠时，我方双手抬起，用拇指向上压对方下眼睑，同时快速向上向前搓推，对方一般会受迫性后仰。之后我方可进行抓头头槌或者抱头肘击动作。

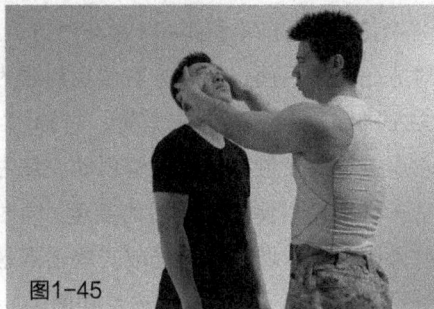

图1-45

拉臂直拳

攻击目标：控制对方一只手臂的同时，直拳攻击对方头面部（尤其是下颌侧面）。

技术点评：一般本技术在拳击和踢拳（kickboxing）中无法使用；在 MMA 竞技中，有些运动员在笼边或围绳边也会采用。此技术可运用到对方持刀直线捅刺的防御中。

动作技术（图1-46）：我方左手抓住对方右腕，控制住对方右臂，同时用右直拳连续击打对方下颌侧面。在 L 型站位时，攻击效果会更加明显。

▶拉臂直拳的训练（图1-47）

对方双手持靶，伸出右手靶时，我方快速上转步进行外侧格挡并抓对方手腕，接右直拳攻击对方左肩上侧；此时对方用左手手靶挡于自己左脸前或者左肩上迎接我方的拉臂直拳。反方向拉臂直拳同上。

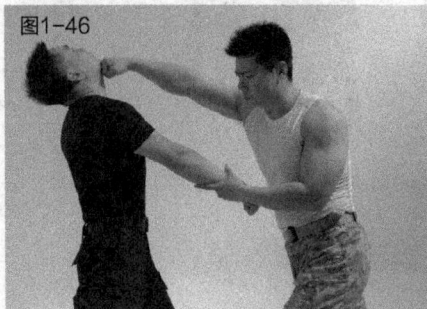

图1-46

图1-47

躬身后顶肘

攻击目标：当对方从前方锁颈我方时，用躬身后顶肘攻击对方的下颌。

技术点评：本技术可在特殊情况下在 MMA 竞技中使用。

动作技术（图1-48）：身体前躬身和对方抱缠在一起，对方正好可以用手臂从前方锁住我方颈部（类似于前方断头台），我方前躬身位，肩关节爆发性伸展并用肘部自下而上攻击对方下颌。

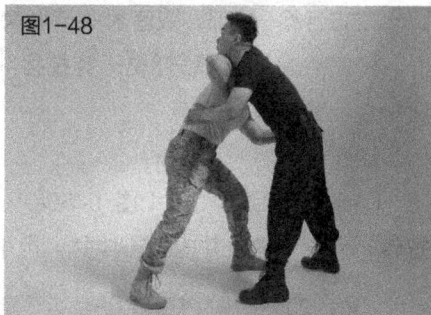
图1-48

▶ 躬身后顶肘训练

（1）躬身后顶肘攻击手靶或脚靶。

（2）躬身后顶肘在破解断头台时的使用。

指节拳

攻击目标：裸手的掌背、腹部等。

技术点评：本技术为利用近端指关节或掌指关节打砸对方特殊部位的拳法，属于精细攻击，攻击精准性要求高，一般在极近身时使用，通常要配合其他技术使用。

动作技术（图1-49a～c）：使用指节拳式握拳，四指卷握，拇指卷贴于食指近端指骨侧面。例如指节拳打掌背。

▶ 案例：后方不连臂熊抱并被举起的摆脱方法

指节拳连环砸掌背（3～4次连击）+ 后摆肘 + 转身直拳：

当对方从我方身后不连臂熊抱并将我方双腿抬离地面时，我方迅速在空中握拳并用两手中指近端指关节连续砸击对方掌背3～4次；待对方双手松手后，我方后摆肘，接转身直拳攻击。

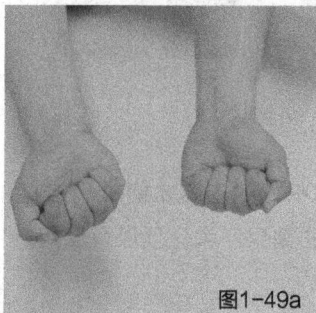
图1-49a

图1-49b

图1-49c

▶指节拳的训练

近端指关节敲打胸靶的训练，使用指节拳式握拳，四指卷握，拇指卷贴于食指近端指骨侧面；持靶者持胸靶，站于我方的 L 侧位；我方使用指节拳近端指关节击打胸靶。

砍掌攻击

攻击目标：颈部，或者肘关节肘窝。

技术点评：攻击颈部属于竞技格斗禁用技，攻击肘关节肘窝是为站立关节技使用创造条件的前序攻击。

动作技术

（1）攻击颈部后侧（图 1-50a ～ b）：我方单手扬起蓄力，然后蹬腿，送胯，胸椎扭转，肩关节内收并内旋，伸肘，用手掌小鱼际进行劈砍。

图1-50a

图1-50b

（2）攻击颈部左侧或右侧（图 1-51）：以右手劈击为例，我方右手扬起蓄力，然后蹬腿，送胯，胸椎扭转，肩关节 45 度角内收并外旋，伸肘，掌心向上用手掌小鱼际劈砍对方颈部左侧 45 度位置。

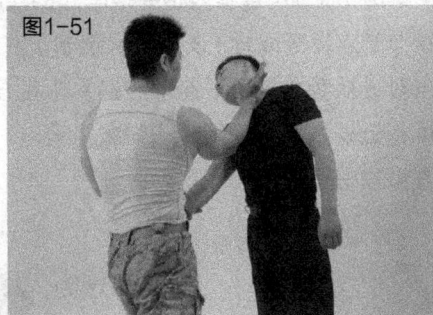
图1-51

▶砍掌的训练

砍掌攻击胸靶或者泡沫轴。

掌跟攻击

攻击目标：下腰背。

技术点评：本技术属精细攻击，需要对人体解剖知识有很好的了解才能准确击打；本技术对力量要求高，力量小者攻击效果有限，力量大者攻击效果巨大，须谨慎使用。

动作技术（图 1-52a ～ b）：当对方从前方不连臂熊抱时，我方迅速抬双手，双手成砍掌，掌心斜朝上，双臂先向上做侧平举蓄力，再突然用掌跟向内发力，砍击对方腰椎两侧腰窝位置。

▶ 掌跟攻击的训练

和砍掌攻击训练相同。

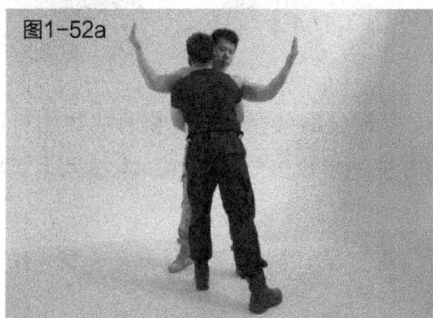
图1-52a

图1-52b

正向头槌

攻击目标：鼻子。

技术点评：头槌的使用条件是当双方距离过近而无法实施拳腿打击，且膝、肘攻击又不便使用，例如被对方推到死角，此时摔法也会失去一定效果，我方则可以选择用额头或头顶坚硬处撞击对方脆弱的鼻子。因为额头颅骨远比拳头坚硬，稍加训练后效果会更好。尤其是矮个子对付高个子的近身战，头槌会有出奇的效果。

动作技术（图 1-53a ～ b）：以格斗架势站立，可先微下蹲蓄力，再起身发力，同时双手抱住对方颈后猛力回拉，并向前微弓腰，伸脖子，用额头撞击对方鼻子。

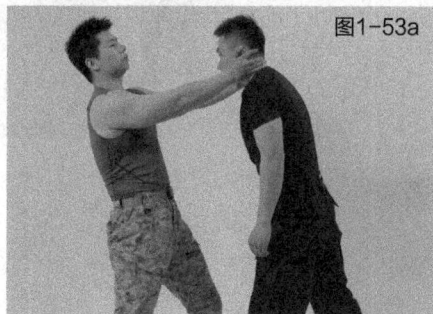
图1-53a

图1-53b

图1-54

▶正向头槌的训练（图1-54）

攻击胸靶训练或者攻击真人后背训练。

桡骨击喉

攻击目标：喉部。

技术点评：本技术在近身正面平移位或者L型站位时使用，利用桡骨的攻击可以使对方喉部剧痛而在2秒内丧失反抗能力，为我方进一步攻击创造条件。本技术为竞技格斗禁用技术，一般在偷袭时使用。

动作技术（图1-55）：我方站在对方侧面，双方呈L型站位，我方在外侧；我方右脚上步，用前臂桡骨侧快击对方正面咽喉处；我方也可以在攻击的同时将右脚别于对方右腿后，完成后接绊摔，形成打喉绊摔。

▶桡骨攻击的训练

桡骨攻击胸靶或泡沫轴训练。

桡骨攻击的后接技术：桡骨攻击＋站立裸绞（图1-56a～c）

我方站在对方侧面成功完成桡骨打喉攻击后，迅速转到对方身后用攻击对方的右臂勒住对方脖子，伸左手到对方左肩处，把自身右手压于左臂肱二头肌下方，两臂内合发力并用左手向前力推对方后脑，完成裸绞。我方可蹲下、坐下或躺下以加强裸绞效果。

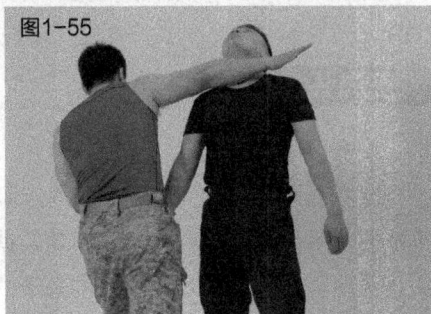

图1-55

图1-56a

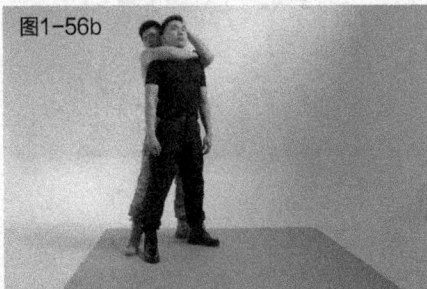

图1-56b

图1-56c

> **提示** 标准裸绞要尽可能使对方喉部对准我方右臂肘窝处，使我方上臂肱二头肌与前臂肱桡肌对对方颈部双侧颈动脉都有压迫作用，从而使攻击效果更明显。

Mask 攻击

攻击目标：鼻软骨。

技术点评：本技术通过手指牵拉鼻软骨使对方因疼痛而仰头进而失去重心；本技术为各种特殊摔法创造条件，也可以作为偷袭并放倒对方的一种方法。

图1-57

动作技术（图 1-57）：我方在对方身后，用右手横向挡住对方的脸，利用指缝勾住对方的鼻子然后向后拉；横在对方脸上的手就像一个面具，因此本技术起名 Mask，实际是战术格斗中鼻推式绊摔中鼻推技术的变式。

使用本技术时，可以左手拉对方左臂以加强控制，也可以双手一同完成该技术。

▶ Mask 技术的训练

不要用太大的力，以免训练时受伤。

足球踢

攻击目标：对方倒地时的头部。

技术点评：竞技格斗禁止使用足球踢攻击头部。

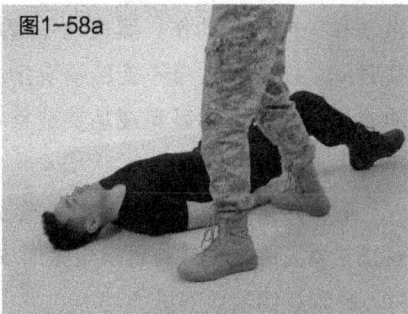

图1-58a

动作技术（图 1-58a ～ b）：我方以格斗架势站立（以左足球踢为例），右脚尖向右侧外旋并踏实地面，左腿微提膝，左髋微外展，向内翻胯，向内低位挥摆左腿并伸膝，用胫骨末端或者脚背攻击目标，就像踢足球抽射那样——打出一击球踢；左腿球踢时右手上扬护住右下颌或右脸，左手向下摆动以增加惯性加成，整个过程一气呵成。然后收腿完成第二次左腿球踢。球踢时呼气。

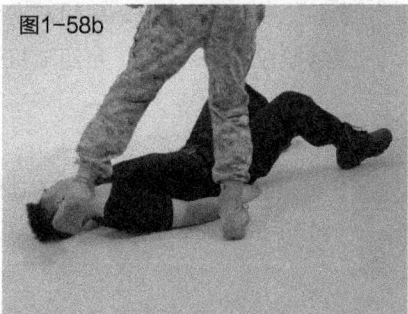

图1-58b

▶ 足球踢的训练

（1）踢足球训练。

（2）击打沙人头部的球踢训练。

1.4 格挡技术

直拳的外侧格挡技术

防御目标：对方直拳攻击的前臂外侧。

技术点评：

（1）此技术为被动防御技，是为后续攻防创造条件的中间技术。

（2）应对直拳的防御思路包括后闪、下潜摇闪、侧闪、侧闪拍击，以及侧闪滚推式格挡。以色列格斗术会突出训练侧闪滚推式格挡技术。

（3）这种格挡的优势在于利用滚推技术的滚动摩擦取代单纯撞击，可以以低围度的手臂防御高围度的手臂，防御效果更好；缺点在于完成动作速度慢，只对对方第一次手部直线攻击防御成功率高，对连续直线攻击的防御成功率迅速下降。

（4）建议在掌握侧闪滚推式格挡技术的同时，掌握应对直拳的后闪、下潜摇闪、侧闪、侧闪拍击技术并学会综合运用。

动作技术（图1-59）：对方直拳打来，我方左上转步，并用左臂尺骨侧棱处撞击对方腕关节外侧棱处，撞击的同时我方左腕在接触对方腕部时要进行顺时针旋转（要将上转步腰腿旋转的力量传递给腕部并共同施加给

图1-59

对方腕部），并使我尺骨棱处在对方前臂上有滚动和向内推的动作。滚推动作增加了打击碰撞时间，在碰撞冲量不变的情况下减小了碰撞冲击力。这样我方既可成功完成格挡动作，又可避免尺骨撞伤。

我方滚推格挡的同时，顺势抓住对方手腕，可接拉臂直拳反击或拉臂踢击腹部攻击。

▶ 训练组次数安排

学习阶段：4～8组，每组左右各训练15次。

熟练阶段：4～8组，每组随机训练3～5分钟。

> 提示
>
> 由慢速开始训练，待我方动作形成娴熟的神经肌肉条件反射后，再逐渐加快速度。对方用裸拳直拳直接攻击我方胸口或者快速轻击额头，使训练尽可能接近实战环境。

360 度防御手法

防御目标：此技术为纯被动防御技，防御对方手部各种弧线攻击。

技术点评：本技术是通过上臂在矢状面上不同角度的运动，利用前臂尺骨进行格挡来综合运用防御组合，不但在防御弧线徒手手部攻击时有用，也可以迁移到其他防御中。

动作技术（图 1-60a ～ g）

（1）顶位格挡（图 1-60a）：手臂举起，两前臂叠放额前，上臂与地面几乎垂直，前臂与地面平行。

顶位格挡目的：防御劈拳或自上而下的砸击、劈击，也可防御自上而下的举臂下刺。

（2）上位 45 度格挡（图 1-60b）：手臂举起，上臂几乎平行于地面，肘关节约呈 45 度。

上位 45 度格挡目的：防御带有角度的斜劈或抢拳。

（3）上位直臂格挡（图 1-60c）：手臂举起，上臂几乎平行于地面，肘关节约呈 90 度，前臂几乎垂直于地面。

上位直臂格挡目的：防御扇掌、摆拳、平勾拳及其他侧向摆击或水平划刀。

（4）下位直臂格挡（图 1-60d）：手臂下放，上臂几乎平行于地面，手指指向地面，前臂与地面垂直。

下位直臂格挡目的：防御低位对我方软肋的摆击，配合上转步步伐格挡正蹬腿。

（5）下位 45 度格挡（图 1-60e）：上臂尽量夹紧在身体两侧，以护住两肋，前臂向外伸。

下位 45 度格挡目的：防御低位勾拳，配合步伐和搓挡技术防御扫腿。

（6）躬身位 45 度格挡（图 1-60f）：身体向前躬身，两手前伸，肘关节约呈 45 度角。

躬身位 45 度格挡目的：格挡下勾拳，即下位捅刺的手腕。

（7）躬身位底位格挡（图 1-60g）：身体向前躬身，两手叠放，尺骨向下格挡。

躬身位底位格挡目的：格挡下位捅刺及前踢腹部攻击。

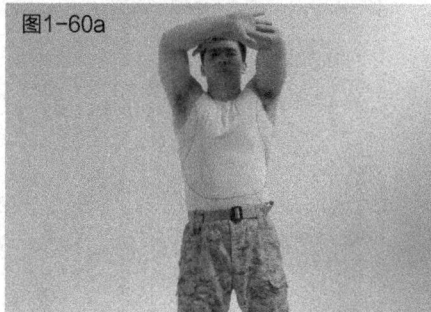

图1-60a

图1-60b

图1-60c

图1-60d

图1-60e

图1-60f

图1-60g

▶360度防御手法的训练

对方用以上提到的攻击技单向攻击，我方使用相应格挡进行防御训练。要求先单向训练4次以上，再进行复合攻击的防御。

> **提示** 躯身位45度格挡前踢腹部时，因为尺骨通常没有胫骨硬，所以不要用尺骨外侧格挡，要用手掌向下拍击。又由于手掌和胫骨接触面积大，减小了对方胫骨踢击的攻击压强，所以要使用手掌向下拍击。

对摆拳的挡打结合

攻击目标：防御对方摆拳（或扇掌），同时进行直拳击打。

技术点评：本技术兼具攻击与防御作用，在裸拳格斗中实用性更强，因为拳击手套和MMA竞技分指手套对手腕有保护，格挡威力会降低，所以在有拳套格斗中实用性不强。

动作技术

（1）对方使用45度角下抡拳攻击我方头

图1-61

部或颈部，我方掌心向前，同侧前臂举过头顶，肘关节呈 45 度，用前臂尺骨侧防斜上方的斜劈攻击。用以格挡斜劈抡拳或斜位举臂下刺的腕部（图 1-61）。

（2）对方使用摆拳或平勾拳攻击我方头侧或脸部时，我方同侧手上举，掌心向前，做举手投降状，肘关节呈 90 度，用前臂尺骨侧防横向的摆击。用以格挡大摆拳、平勾拳或水平划刀的腕部（图 1-62）。

图1-62

▶ 对摆拳的挡打结合训练

对方随机使用左手抡拳、右手抡拳、左手摆拳（或平勾拳）和右手摆拳（或平勾拳）攻击我方，我方随机应对，充分训练应激状态下的反应速度。

提示   训练可能会造成对方腕部瘀青，但在训练熟练后，对方就可以轻快攻击，降低瘀青出现概率和严重程度。

对勾拳的挡打结合

攻击目标：防御对方下勾拳或者肋击，同时进行直拳击打。

技术点评：本技术兼具攻击与防御作用，在裸拳格斗中实用性更强，由于拳击手套和 MMA 竞技分指手套对手腕有保护，格挡威力会降低，所以在有拳套格斗中实用性不强。

动作技术（图 1-63）：对方使用右手下勾拳攻击我方下颌，我方左手掌心朝后，用左前臂尺骨向下砸击对方勾拳的手腕内侧，同时出右直拳攻击对方面部，下格挡与直拳同时发出。

图1-63

▶ 对勾拳挡打结合的训练

双方可戴护腕训练，要求对方发出勾拳时不要让我方看出规律和预兆，尽可能接近实战。

1.5 地面技基础

1.5.1 地面打击技

肘击腹股沟

攻击目标：腹股沟。

技术点评：本技术为竞技格斗禁用技。在摔投技完成上位压制后（对方为躺倒位），以色列格斗术首选的打击要点不是头面部，而是腹股沟；同时首选的攻击方式是威力更大的肘击，以达到一招制敌的效果。

动作技术（图1-64a ～ b）：双方为四方位压制，我方在上位并在对方身体中段。我方首选起右肘，全范围肩关节内旋并内收，用肘部击打对方腹股沟。

▶ 本技术的训练

攻击地面的摔投沙人。

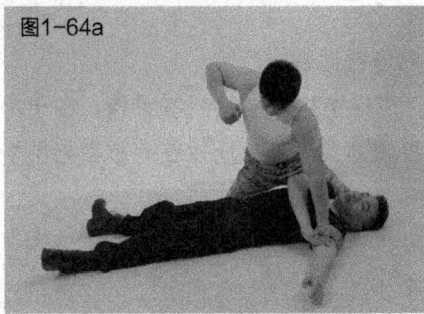
图1-64a

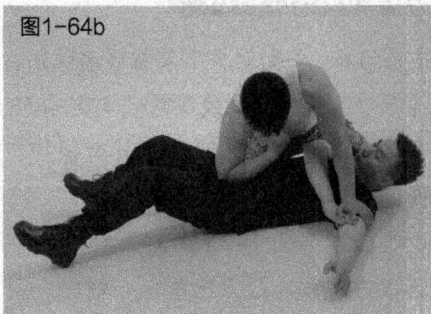
图1-64b

对地攻击砸肘

攻击目标：头面部。

技术点评：只要对方处于地面被压制位，打击技的攻击除了攻击眼球和喉部的特殊攻击外，首选肘击，这在实战中意义重大。此技术在 MMA 竞技中迁移效果很好。

动作技术：我方处于蹲位或跪位，对方处于仰卧位、俯卧位或侧卧位时，我方用自上而下的砸肘对对方进行攻击。注意发动地面攻击砸肘时也要借助蹬腿转腰的全身发力，同时可以把自身体重施加到肘部以增加攻击威力。

对地攻击砸肘:

（1）对地攻击的平击肘（图 1-65a ～ b）: 用于骑乘上位、横四方位上位或南北位上位。

图1-65a

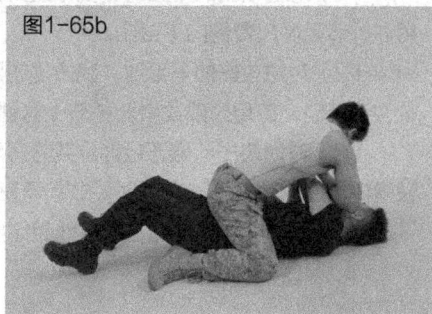

图1-65b

（2）对地攻击的下砸肘（图 1-66a ～ b）: 用于横四方位上位。

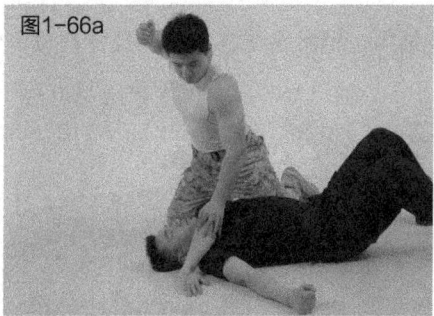

图1-66a

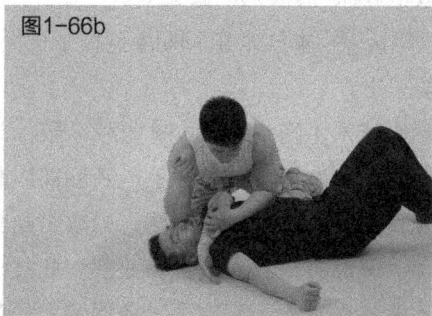

图1-66b

（3）对地攻击的碾压砸肘（图 1-67a ～ b）: 所谓碾压砸肘，即不需要地面平击肘那样的抬臂蓄力，而是直接用肘部前臂端击打并碾搓的肘法，多在横四方位上位使用。

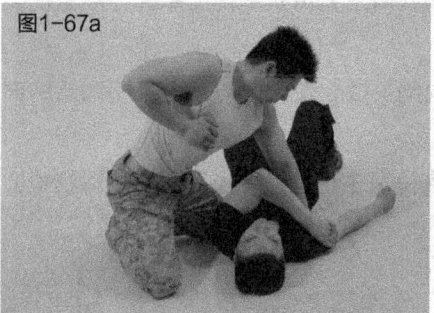

图1-67a

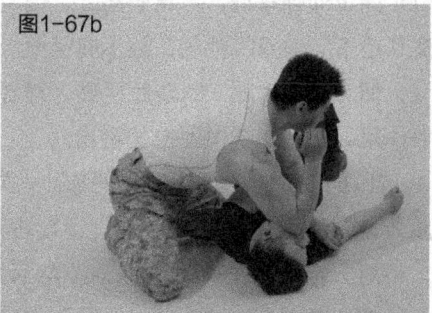

图1-67b

<table>
<tr><td>提示</td><td>3种地面砸肘的动力链。
（1）对地攻击的平击肘：我方呈蹲位或跪位，屈肘抬臂，肩关节向下环转，使用肘关节前臂尺骨侧向下砸击。
（2）对地攻击的下砸肘：我方呈俯卧位，屈肘抬臂，肩关节由水平屈位向后伸位快速转动，使用肘部或者肘关节上臂侧攻击。
（3）对地攻击的碾压砸肘：我方呈蹲位或跪位，屈肘且肩关节后伸蓄力，然后快速向前屈曲肩关节，并将肘关节前臂尺骨侧向目标上搓砸。
对地攻击砸肘的训练：攻击地面摔投假人。</td></tr>
</table>

天踢

攻击目标：腹股沟、膝关节。

技术点评：本技术在 MMA 竞技中已经被禁用，但是在防身自卫的危急时刻，仍是有效的一击。

动作技术（图1-68）：倒地后平躺，单腿向胸前收，使大腿与膝盖几乎触及胸部以起到蓄力作用，然后向前向上蹬腿，以攻击站立方的裆部、腹部、胸部、颈部和面部。此技法可出其不意打击对方，且攻击时多以我方的起跳腿作为主力攻击腿。

图1-68

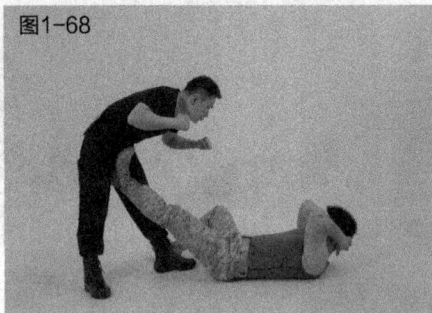

▶ 专项体能训练

（1）高位仰卧举腿：平躺于垫上，腰、腿共同发力将双腿向上举起，尽量使臀部和腰部离开垫子。举腿时呼气，放下时吸气。

（2）仰卧收腿蹬出：倒地后平躺，双腿向胸前收，使大腿与膝盖几乎触及胸部以起到蓄力作用，然后向前向上快速蹬出。

（3）上下二连击＋快速站起训练：一次高位蹬击迅速接低位蹬击，用以模拟实战中第一腿攻击对方面颈部，第二腿迅速攻击对方腹部，将对方蹬出以拉大双方距离，然后接快速站立技术站起。

图1-69

▶ 天踢的训练（图1-69）

天踢对方手持胸靶进行训练。

分腿踢裆

攻击目标：腹股沟。

技术点评：本技术为竞技格斗禁用技。我方倒地后，对方呈站立位，使用该技术有出奇制胜的效果。

技术动作（图1-70a～c）：我方倒于地上，面对对方正面，我方出其不意地把双脚伸向对方两腿之间，用双脚向外勾踢对方脚踝内侧使其叉开腿，接着我方右脚向上端击对方裆部。攻击完成后，迅速接快速站立技术站起身。

图1-70a

图1-70b

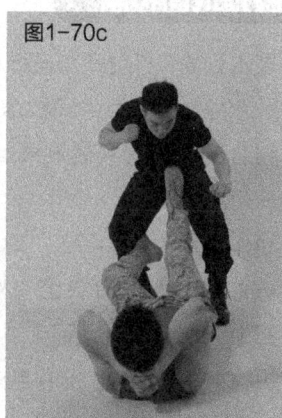
图1-70c

1.5.2 地面控制技基础

压鼻站立技术

攻击目的：为摆脱地面缠斗创造条件。

技术点评：本技术旨在利用对方鼻部疼痛并限制呼吸的状态，使我方完成由地面体能模式到站立体能模式的转换；在复杂的战术格斗及街头格斗中，站立体能模式比地面体能模式更有利。

动作技术（图1-71a～b）：双方呈横四方位，我方在上位，我方用右手按对方鼻子左侧并向右、向下压以使对方头向右转动，借对方出手护脸之时，我方迅速以右手撑对方鼻子并将其作为支撑点，左手按对方胸部，转身站立。站立后可以接踩踏或足球踢。

▶压鼻站立的训练

压鼻快速站立对沙人进行训练。

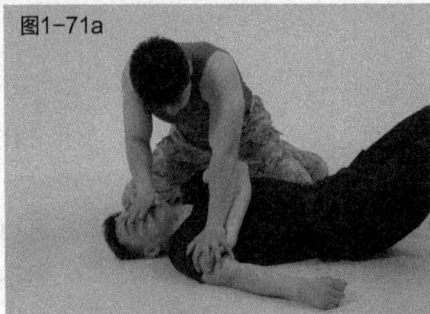

图1-71a

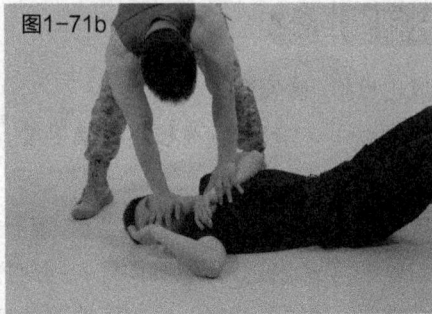

图1-71b

膝顶地面控制

攻击目的：利用膝盖压地面下位对手的胸部或颈部，辅助完成短时地面上位控制。

技术点评：作为中间技术，本技术通常需要与后续的攻击技术、降服技术或者抓捕技术结合使用才有实战效果；而实战中，膝顶地面控制可以配合语言控制技术，也可以单独使用。

动作技术（图1-72）：对方躺倒，我方在上位并在对方右侧，我方右膝跪在对方胸口并向喉部方向前顶用力，左膝跪在地面上，左手拉住对方右腕（或左臂夹住对方右臂），用右手对对方面部进行攻击。

图1-72

▶膝顶地面控制的训练

击打摔投沙人训练。

腿锁

技术目的：控制地面位对方的腿部，使我方攻防处于有利位置。

技术点评：本技术为地面防御性辅助技术或者控制技术，可为我方进一步的地面攻击创造条件，也可能直接对对方膝踝关节造成损伤。

动作技术（图1-73）：我方为躺位，对方呈跪骑位，我方双腿由外向内缠住对方腿部，同时脚腕从内向外缠住对方脚腕；与此同时，双腿向下蹬踹以对对方膝关节产生反关节作用，迫使对方身体靠近我方身体——形成腿锁。

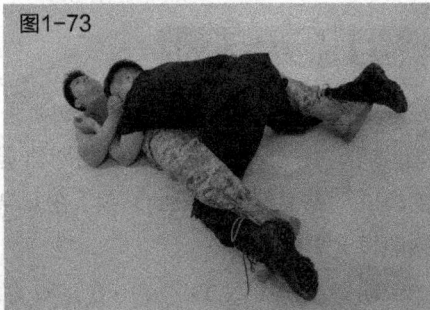

图1-73

腿锁也可以在地面上位时使用。

1.6 关节技与绞技

1.6.1 站立关节技与绞技选讲

纳尔逊肩颈锁

技术目的：站立位后方控制对方行动。

技术点评：本技术为站立位后方控制对方

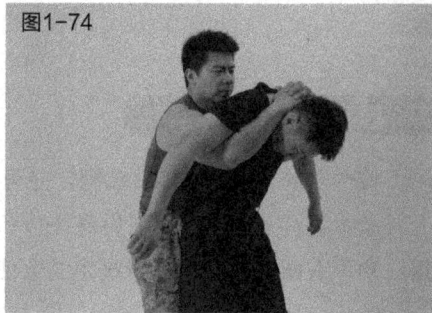

图1-74

行动的技术，被战术格斗改进后形成了双人战术抓捕与双人战术夺刀的前导技术，后面需要接基于纳尔逊肩颈锁的双人联合摔投技术与上铐技术。

动作技术（图1-74）：我方在对方身后，双手从对方腋下掏过，向前、向上伸，双手掌按住对方后脑并下压，使对方前躬身、低头且肩关节外展后失去反抗能力。对方的双肩关节和颈椎将非常难受，被迫被我方控制。

▶纳尔逊肩颈锁的训练

双人快速训练法。我方在对方走动或者站立时偷偷接近对方，快速施展技术，然后换对方使用。关键点是出其不意和快速完成。

眼镜蛇控制

技术目的：站立控制的一种方式。

技术点评：本技术在偷袭或者对方疲累时

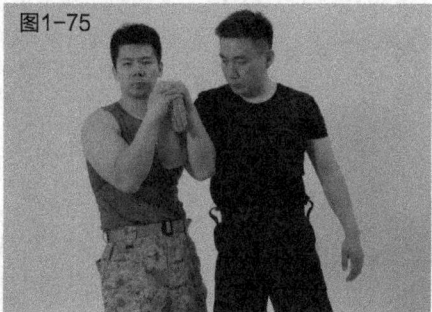

图1-75

的实战效果更好，在正面冲突中成功率有限，但是作为一种手部的警察锁方式及控制夺刀的方式，技击意义很大。

动作技术（图1-75）：我方呈左脚和左手都在前的格斗势站立，我方迅速左上转步站于对方右臂外侧（双方呈L型站位），伸左臂从对方右臂下侧掏入并由下至上抱住对方右上臂向上拉（用我方的左上臂将对方右上臂向上挑起，双方两上臂相互垂直，且肘关节均成直角）；我方迅速伸右手（掌心向下）卷折对方右手腕，使其右腕过度屈曲；同时我方左手按在自身右手上，两手一同用力卷折对方右手腕，迫使对方无法反抗并就擒；我方继续用力卷折将对方彻底控制——此时对方被控制的右手臂就像一条昂起头的眼镜蛇，因此该技术叫作眼镜蛇控制法。

▶眼镜蛇关节技的训练

双人快速随机轻力训练。

提示 也可将对方的右肘关节顶在我方的胸前，我方双手向下卷折对方右腕的同时，用力向上向前顶胸，以增加对对方右腕的压力，加强控制效果。

以色列式警察锁

技术目的：形成站立位控制，并可在没有手铐的情况下带离对方。

技术点评：本技术为利用肩关节和颈椎关系的联合关节技，单独对有防备的对手使用成功率有限，需要和前导技术结合使用，效果更佳。

动作技术（图1-76a ～ c）：以抖击作为前导技术为例，双方面对面站立，我方偷偷接近对方，突然出左掌抖击对方，接着上右步，右手插入对方左臂肘弯，左撤步转身

图1-76a

180度的同时用右肘肘弯旋拧对方左臂肘弯，使对方前躬身并向右扭转上半身；我方再左转步90度，出左手向后扳拧对方下颌并左转身，使对方右肩和颈部均被锁住。我方向前疾走，对方即被控制。

图1-76b

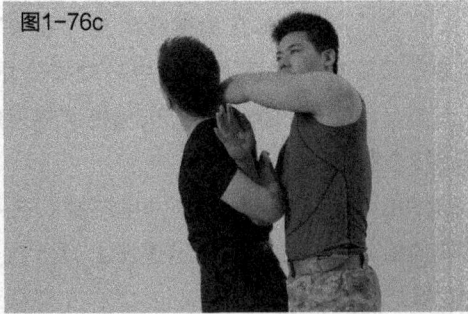

图1-76c

颈式裸绞警察锁

技术目的：利用颈部站立绞技的临时警察锁。

技术点评：本技术在后方偷袭时使用，实战效果更佳，力小瘦弱者对力大强壮者的使用效果会下降。

动作技术（图 1-77）：我方在对方身后准备偷袭。我方左手使用鼻拉技术迫使对方仰头，然后右臂绕过对方颈前并锁喉，右手转回来抓我方后脑右侧，形成我方颈臂对对方颈部的围绞；同时我方左臂抓对方左腕后拉控制——形成颈式裸绞警察锁。

图1-77

▶颈式裸绞警察锁的训练

利用摔投沙人训练。

1.6.2 地面关节技选讲

上位十字固

攻击目标：肘关节鹰嘴。

技术点评：本技术为比较普遍的地面关节技，在巴西柔术及 MMA 竞技中经常被使用。

动作技术（图 1-78a ~ f）：我方从骑乘上位开始，先对对方进行地面直拳攻击；当对方双手护脸或双前臂护脸时，要抓住机会，以左手勾住对方右肘窝；勾住后立即用左肘窝夹住对方右前臂，回拉对方右臂使其尽量贴近我方的身体；伸右臂抱住对方右肘窝（也可用右臂回拉对方右臂，左臂在下，右臂在上，两臂一同抱住对方右臂）；抬左腿使左脚踏于地面，身体跳起并右转，用左腿覆盖对方面部，右腿覆盖对方胸部；对方呈十字交叉位，我方躺在对方身上，并用双手抱住对方右臂，使其右上臂（拇指向上）在我方两腿之间穿出，形成十字固；然后我方腰往上顶，同时双手用力向下扳折对方右肘关节以制服对方。

▶上位十字固的训练

攻击沙人训练。

图1-78a

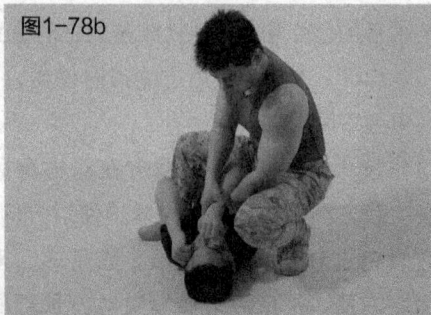

图1-78b

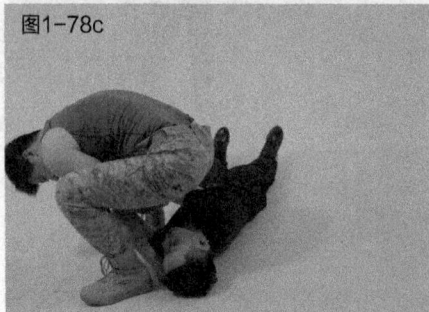

图1-78c

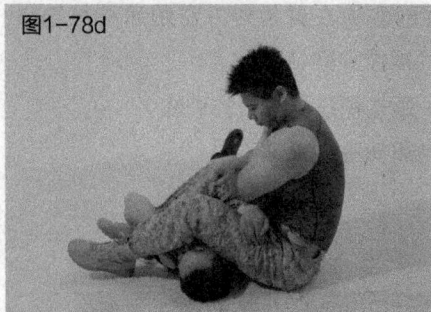

图1-78d

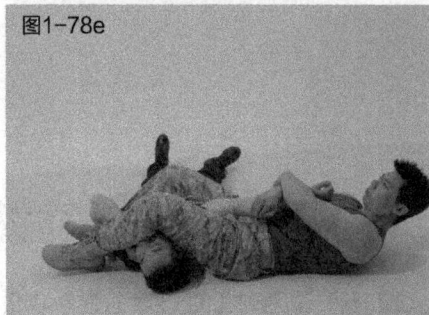

图1-78e

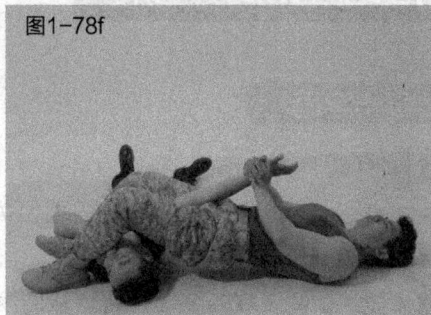

图1-78f

提示

（1）回拉对方手臂时，我方哪只手先拉对方手臂，哪只手就在上；而另一只手则在下，用肘弯勾住对方手臂肘窝。

（2）如果遇到对方双手救援防御，即当我方向下扳折对方右臂时，对方伸左臂抓住其自身右腕或右拳，双手向我方扳折反方向回拉时，我方要用右手握住对方左手的一根或几根手指并用力前推。当对方左手因疼痛而松手时，我方要立即回拉，完成十字固动作，以免被对方再次防御。

（3）十字固时，我方臀部要尽量贴近对方右肩，使对方肘关节尽量长地伸出我方两腿之间；我方双腿可以双盘锁死，防止对方对我方脚部下手；对方手臂的杠杆支点在我方大腿内侧而不是腹股沟；扳折方向是对方拇指朝上的反向。

下位十字固

攻击目标：肘关节鹰嘴。

技术点评：本技术为地面跪骑位下位的一种防守反击方式，在 MMA 竞技中应用广泛。

动作技术（图 1-79a～e）：防守对方跪骑位进攻，当对方跪骑位对我方进攻时，我方两手抓对方右臂并将对方右臂牢牢控制在我方的胸前，逆时针在地上转动，最终转动 90 度；同时左腿屈膝并向外伸，以使左腿与对方上半身异面垂直，我方右腿此时上抬至对方左肋部，与此同时，我方右手向左推对方左脸；然后我方两手抓对方右手并用力向我方右身侧拉；两腿用力上抬，用左腿压住对方左颈，用右腿压住对方左肋并用力下压对方身体使其躺倒，同时我方伸左前臂勾住对方右肘肘窝，最终完成十字固动作。我方臀部贴近对方右肩，使对方右肘从我方的两腿之间拉出，并使对方拇指向上，支点

别在我方右腿内收肌群位置，完成对对方右臂鹰嘴的攻击。

▶ 下位十字固的训练

利用柔术沙人训练，或者进行下位十字固专项体能训练。

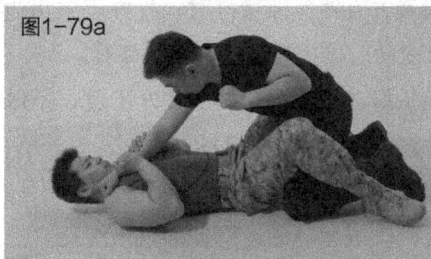
图1-79a

图1-79b

图1-79c

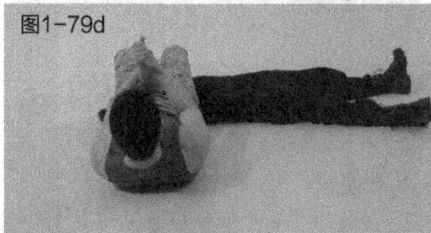
图1-79d

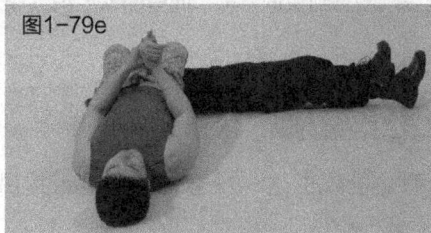
图1-79e

提示　当已完成十字固动作，而对方尚未躺倒时，我方向上挺髋和双手下压同时发力即可对对方右肘关节造成伤害。

1.7 打击技基本攻击路径

直线前进攻击

对方与我方面对面而立，我方利用拳腿膝肘直线攻击。一般适用于我方比对方体重大、力量大或身材高的情况。

后退攻击

在后退的过程中发动攻击，一般直拳、扫腿、前踢腿适合边退边打的情况。一般在对方体重和力量均比我方大或势均力敌，且对方对我方直线猛冲猛打时，我方可采用边退边打的策略。我方也可在后退过程中突然上转步变向，接捋肩膝撞或捋头膝撞。

当我方被憋入死角时，可双手护头并不断躲闪护好上盘，同时提膝护好下盘，不做攻击动作，待找到对方破绽，突然以前踢腿攻击对方裆部，接其他连续技。

▶ 后退攻击的训练

（1）后腿直拳连击：持靶者持胸靶靠近攻击者，攻击者边退边用直拳攻击胸靶，持靶者可在前推的同时有意用胸靶向前突撞以加大攻击者对前冲对手的迎击训练。

（2）憋死角的反击训练：对方将我方憋入死角，用各种打击技进行攻击；我方双手护头并提膝防御，同时不断左右躲闪，然后我方出其不意用前踢腿攻击对方的裆部，冲出死角。

提示　**所有对裆部的攻击即使带护裆，在训练中也不准直接打击，只要尽可能快地做出技术动作即可，脚不要触及对方护裆。高手的技击，在于力道的控制，要求训练中对要害部位的击打，动作精准，速度快疾，达到“皮碰肉不碰”的境地，即对方的汗毛和皮肤刚刚感到快速打击，而里面软组织或筋骨没有明显痛感。**

T 型站位攻击

图1-80

注：T 型站位攻击这一技击术语由笔者提出，以方便大家记忆。

动作技术（图 1-80）：以我方站在对方右侧的 T 型站位为例，我方可以对对方进行直拳击太阳穴，摆拳击面部或后脑；抓发或按头接膝撞面部；砸拳击后脑，掌根击后脑，砍掌劈后颈。随后通过转身断头锁、抱腿摔、倒垃圾投或绊摔撂倒并制服对方，或者使用警察锁的制服术制服对方。

L 型站位攻击

注：L 型站位攻击这一技击术语由笔者提出，以方便大家记忆。

动作技术（图 1-81）：以我方站在对方右侧的 L 型站位为例，此站位可进行 T 型站位的大多数攻击；也可采用拉手攻击，即伸左手抓住对方右手，接右直拳攻击对方面部，右前踢腿攻击对方裆部；同时可以拉起对方的右臂来阻挡对方可能的左直拳攻击。

图1-81

背后攻击

我方站在对方身后，可进行直拳击后脑、摆拳击头部左右两侧或后踢裆腿，接后方裸绞、倒垃圾投，或后方抱腿顶腰投将对方摔倒然后拿背制服。

背后侧位攻击

我方站在对方后侧位 45 度角位置，可稍微侧移身体完成背后攻击的所有动作。我方可直接进行直拳击耳后，摆拳击面部或头侧；后踢裆腿攻击；前冲步抓发或按头接膝撞面部接砸拳击后脑，掌根击后脑，砍掌劈后颈。随后使用警察锁的制服术制服对方。

半圆式攻击

注：半圆式攻击这一技击术语由笔者提出，以方便大家记忆。

从对方正前方开始攻击，身体侧闪到对方侧向再继续攻击，一直转到对方后背，攻击不断，即从对方正面经侧面转到背后，攻击不止，我方所走过的路径正好是以对方为中心的一个半圆。

半圆式攻击的作用：

以色列格斗术不强调与对方正面猛冲斗狠，而强调攻击对方薄弱环节。通过上转步走边线的攻击既可躲过对方正面的攻击，又可得到攻击对方侧面薄弱环节的机会。这与中国传统武术有着惊人的相似。中国传统武术强调强者进中线，弱者走边线——我方比对方力量大，就直线进攻，攻击对方中轴线的面部、腹部等部位；而若我方比对方力量小，或对方正在直线猛攻，则突然上转步攻击对方侧面以至身后。

第2章

以色列格斗术应对

站立缠斗

的方法

应对抓手纠缠的反击

应对站立掐颈的反击

应对站立熊抱的反击

应对其他站立缠斗的反击

2.1 应对抓手纠缠的反击

近身抓手抓腕是街头遇到低等级暴力最常见的纠缠形式。对方后续可以将我方拖入持续纠缠，也可以边纠缠边谩骂，更可以在抓手纠缠的基础上进行暴力等级更高的打击技攻击或将我方扭摔倒地。根据对方抓手的情况，整合版的以色列格斗术给出了不同风格的摆脱与反击方式，本书将对每种方式进行格斗技术点评。

以色列卡帕术（以色列格斗术中比较有代表性的流派）在军警格斗中的应用较多，抓捕时，要求不能使对方出现摆脱和逃脱。而街头自卫中，摆脱和逃脱是很重要的两种实战目的。因此本书中以色列卡帕术的摆脱技术与逃脱技术涉及不多，而其他几个门类的以色列格斗术涉及较多。

2.1.1 同侧单手抓腕的反击

同侧单手抓腕（图2-1）：我方与对方面对面，双方同时上抬手臂并握手，我方的左手握住对方右手或我方的右手握住对方的左手；我方右手相对于对方左手，我方左手相对于对方右手，称为同侧。面对面站立时，对方以单手用同侧手抓我方同侧手腕，分为对方左手抓我方右腕及对方右手抓我方左腕两种情况。

图2-1

同侧单手抓腕危害：使我方陷入被纠缠境地，无法离开是非之地，并为其后续攻击创造有利条件。

同侧单手抓腕后续攻击：拉臂直拳、拉臂掌掴、拉臂接摔法、拉臂肘击等。

以下为应对同侧单手抓腕的反击。

要害打击技法：抬臂踢击腹股沟

图2-2

动作技术（图2-2）：以我方右手被同侧抓腕为例，被抓手先向外扭同时手腕内旋，再突然向内向上旋拧，以从对方的抓握中逃脱，并在逃出抓握的同时起左腿前踢攻击对方腹股沟；攻击后迅速向后撤身，以伺机逃脱或继续攻击。即使摆脱对方抓握的效果不明显，利用前踢腹股沟造成对方剧烈疼痛也可轻易摆脱对方纠缠。

技术点评：本技术是竞技格斗禁用打击技，使用成功率高，但攻击强度和效果较强，须谨慎使用。

摆脱型关节技法：甩腕摆脱技术

弯举式甩腕逃脱技术（图2-3a～c）：以对方用左手抓我方右手为例，我方掌心向左伸出右手，先向外旋腕，使拇指向下蓄力，再突然向内向上旋腕，拇指向上并使对方掌心向上呈反关节位；同时我方屈右肘做类似于哑铃重锤弯举的动作，使我方被抓的右臂的桡骨从对方虎口处切出去，即被抓手先向外扭同时手腕旋前，再突然向内向上旋拧，从对方虎口处逃脱。

技术点评：本技术是非攻击性摆脱型关节技，在低等级暴力或一般纠缠中反而适用广泛，单纯的摆脱可以不激怒对方，并拉开双方距离，给后续逃离或用语言控制场面创造机会；本技术是防身乃至避免社交纠缠的良好方法；本技术也可作为近身 MMA 竞技缠斗时被抓腕后的摆脱技，后面要接其他综合格斗技术。

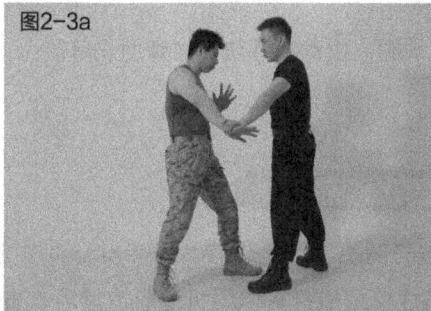
图2-3a

图2-3b

图2-3c

提示

（1）关节技蓄力。
（2）引对方掌心向上，形成最小抓握力反关节位。
（3）从对方虎口处切出。
（4）前臂垂直地面切出。
（5）借助蹬腿撤身的整体发力增加摆脱效果，并增加安全距离。

2.1.2 异侧单手抓腕的反击

异侧单手抓腕（图 2-4）：我方与对方面对面，双方同时上抬手臂并握手，我方的左手握住对方左手或我方的右手握住对方的右手，双方手成交叉位；我方右手相对于对方右手，我方左手相对于对方左手，称为异侧。面对面站立时，对方以单手用异侧手抓我方手腕，分为对方左手抓我方左腕及对方右手抓我方右腕两种情况。

图2-4

异侧单手抓腕危害：使我方陷入被纠缠境地，无法离开是非之地，并为其后续攻击创造有利条件。

异侧单手抓腕后续攻击：拉臂直拳、拉臂掌掴、拉臂接摔法、拉臂肘击等。

以下为应对异侧单手抓腕的反击。

力量 + 要害打击技法：掌劈技术 + 踢击腹股沟

动作技术（图 2-5a ～ b）：以我方右手被异侧抓腕为例，我方左手突然向外劈击，同时起左腿前踢，攻击对方腹股沟；攻击后迅速向后撤身，以伺机逃脱或继续攻击。利用前踢腹股沟造成对方剧烈疼痛可使我方轻易摆脱对方纠缠。

技术点评：本技术是竞技格斗禁用打击技，使用成功率高，但攻击力较大，须谨慎使用。

图2-5a

图2-5b

摆脱型关节技法：外切深蹲法摆脱

动作技术（图 2-6a ～ b）：当对方的右手抓住我方右手手腕时，我方右后撤步下蹲，同时左手向对方虎口处发力劈砍（大概角度为外斜 45 度），利用下蹲的腿部发力及手臂的外斜下劈发力，使我方右手从对方虎口处逃脱。

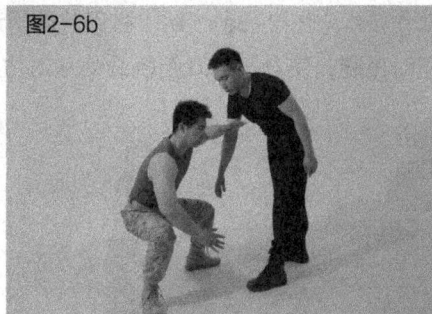

图2-6a   图2-6b

提示
（1）外斜45度下劈。
（2）不等对方抓牢、抓稳就要发力逃脱。
（3）从对方虎口处切出。
（4）借助腿部下蹲的整体发力增加摆脱效果。

技术点评：本技术是非攻击性摆脱型关节技，在低等级暴力或者一般纠缠中反而适用广泛；本技术是防身乃至避免社交纠缠的良好方法，也可作为近身MMA竞技缠斗时被抓腕后的摆脱技，后面要接其他综合格斗技术。

2.1.3 双手抓双腕的反击

双手抓双腕（图2-7）：对方从前方同侧双手抓住我方两个手腕，不出现交叉手位，即对方左手抓我方右手，对方右手抓我方左手。

图2-7

双手抓双腕的危害：控制我方行动，将我方拖入对对方有利的境地；双手抓双腕也是防御我方进攻的一种防守控制，影响我方的进攻；双手抓双腕后可以对我方接摔投技，例如腋下夹臂背负投等。

双手抓双腕后续攻击：前踢腹股沟、蹬踹、头槌、拉臂肘击、腋下夹臂背负投、绊摔等。

以下为应对双手抓双腕的反击。

摆脱型关节技法：双甩腕技术

动作技术（图 2-8a ～ b）：利用前面学过的同侧单手抓单手的弯举式甩腕逃脱技术，两手同时甩腕，使自己的双腕桡骨处从对方双手的虎口处切出。

图2-8a

图2-8b

提示
（1）注意双甩腕发动前，两前臂要旋前打开并蓄力。
（2）切出双腕的最好时机是对方双掌呈掌心向上的反关节位。
（3）利用腿部的弹跳发力加成，在双甩腕摆脱的同时向后跳步，以增加摆脱成功率。

技术点评：本技术是非攻击性摆脱型关节技，在低等级暴力或者一般纠缠中反而适用广泛；本技术是防身乃至避免社交纠缠的良好方法，也可作为近身 MMA 竞技缠斗时被抓腕后的摆脱技，后面要接其他综合格斗技术。

2.1.4 双手抓单腕的反击

双手抓单腕（图 2-9）：对方从前方双手同时抓住我方任意一个手腕的情况。

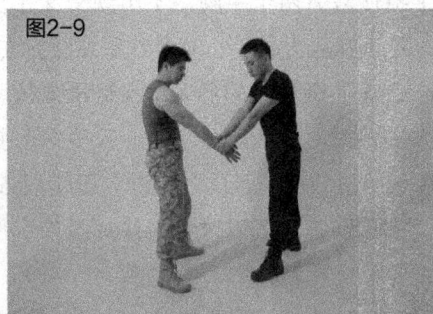
图2-9

双手抓单腕危害：控制我方行动，将我方拖入对对方有利的境地；双手抓单腕也是防御我方单手进攻的一种防守控制，影响我方攻击手的进攻；双手抓单腕可以构成各种腕、肘、肩关节技攻击。

双手抓双腕后续攻击：前踢腹股沟、拉臂头槌、绊摔、关节技（如外侧臂锁、内侧臂锁）等。

以下为应对双手抓单腕的反击。

特殊攻击法：面部攻击 + 踢击腹股沟

动作技术（图 2-10a ～ b）：当对方双手抓我方右手时，我方起左手 4 指攻击对方面部，迅速接左腿踢其腹股沟。即使面部攻击不中，也会转移对方视线，为前踢腹股沟成功创造条件。

技术点评：该技术链是竞技格斗禁用技术链。

图2-10a

图2-10b

2.1.5 后方双手抓双腕的反击

后方双手抓双腕（图 2-11）：对方从后方同侧双手抓住我方两手腕，即对方左手抓我方左手，对方右手抓我方右手，不出现交叉手位。

图2-11

后方双手抓双腕危害：从后方控制我方行动，将我方拖入对对方有利的境地；双手抓双腕后可以对我方实施打击技或者绞技等。

后方双手抓双腕后续攻击：后踢腹股沟、肩关节技、头槌、拉臂肘击、绊摔、裸绞、领绞等。

以下为应对后方双手抓双腕的反击。

打击法：后蹬腹股沟 + 转身快速反击

动作技术（图 2-12a ～ c）：当对方从后方用双手抓住我方双手手腕时，我方迅速向前用力摆臂，同时后蹬（左腿为支撑腿，右腿伸髋，向后快速伸膝蹬出，当脚掌或脚跟击打到对方时快速收回）攻击对方腹股沟，使后蹬与向前摆臂形成合力，即可摆脱对方抓握，然后快速转身连续攻击或者借机向前逃避。

图2-12a

技术点评：本技术是打击技与摆脱技的结合技术，成功率较高，但是需要平时训练形成神经肌肉条件反射，在实战中才会有实际效果。

图2-12b

图2-12c

2.1.6 后方双手抓双肘的反击

后方双手抓双肘（图2-13）：对方从后方同侧双手抓住我方两手肘，即对方左手抓我方左肘，对方右手抓我方右肘，不出现交叉手位。

图2-13

后方双手抓双肘危害：从后方控制我方行动，将我方拖入对方有利的境地；双手抓双肘后可以对我方实施打击技或者绞技等。

后方双手抓双肘后续攻击：后踢腹股沟、肩关节技、头槌、拉臂肘击、绊摔、裸绞、领绞等。

以下为应对后方双手抓双肘的反击。

打击法：后蹬腹股沟 + 转身快速反击

动作技术（图2-14a～c）：当对方从后方用双手抓住我方双手手肘时，我方迅速向前用力摆臂，同时后蹬攻击对方腹股沟，使后蹬与向前摆臂形成合力，即可逃脱对方抓握，然后快速转身连续攻击或者借机向前逃避。

图2-14a

技术点评：本技术是打击技与摆脱技的结合技术，成功率较高，但是需要平时训练形成神经肌肉条件反射，在实战中才会有实际效果。

图2-14b

图2-14c

2.2 应对站立掐颈的反击

双手掐颈或者单手掐颈在站立纠缠厮打中出现频率很高，在一些徒手致人死亡的刑事案件中，双手掐颈所占比例是最高的，因此防御对方的双手掐颈至关重要。由于竞技格斗规则禁止使用双手掐颈，所以在 MMA 竞技等比赛中基本看不到双手掐颈攻击。

本节涉及了大量格斗技术链。所谓格斗技术链是指一些格斗技术按照一定顺序排列并一次连续使用的格斗技术的总和。本书所有格斗技术链可以在训练时完整练，在实战中则可以拆开使用，我方要根据实战情况灵活拆分并组合出适合自己的格斗技术链。

提示 所有整合版以色列格斗术技术链中的技术都需要经过情景训练至少 12 次以上，实战中才能确保成功率。

2.2.1 前方双手掐颈的反击

前方双手掐颈（图 2-15）：对方与我方面对面站立，双手前伸，用双手张开的虎口卡住我方颈部，并用两个拇指按压我方喉软骨及气管。对方掐颈时，手臂处于伸直状态。

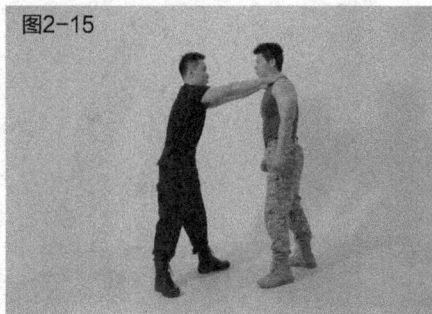

图2-15

前方双手掐颈危害：喉软骨撕裂，头部缺血缺氧，窒息甚至死亡。

前方双手掐颈后续攻击：掐颈绊摔、掐颈头槌、掐颈膝击等。

以下为应对前方双手掐颈的反击。

打击法：勾腕搓推 + 拉臂踢击腹股沟 + 上步攻击 + 后踢腹股沟 + 撤步撤离

动作技术（图 2-16a～d）：当对方从前方双手掐我方颈部时，我方迅速伸左手从对方右手上掠过，勾住对方右手腕向左后猛拉，同时从中路出右手搓推对方鼻软骨；左脚前踢腹股沟并左脚向左前滑步，左右直拳连击对方右脸或右侧头部；左上转步绕到对方身后，推击对方头部以控制距离，接后踢腹股沟；然后后撤步向后撤离。

注意：侧后拉手时，我方的手要从对方的手臂上侧去抓对方手，我方手呈钩状，勾住对方手后，猛烈快速后拉。

图2-16a

图2-16b

图2-16c
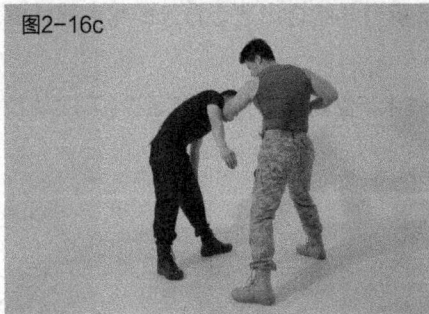

图2-16d

图2-17
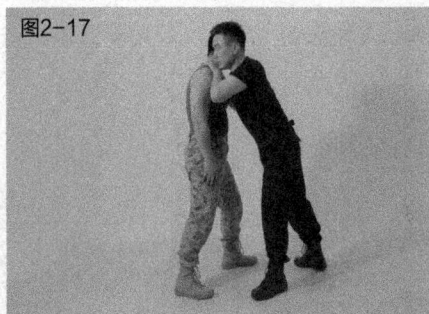

▶补充

前方近身双手掐颈（图 2-17）的手法与双手掐颈类似，而掐颈后对方肘关节屈曲，身体几乎贴近我方的身体。

2.2.2 侧位双手掐颈的反击

侧位双手掐颈（图2-18）：对方双手前伸，用双手张开的虎口卡住我方颈部并使我方喉软骨及气管受压。

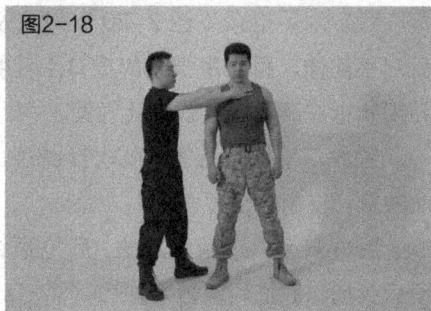

图2-18

侧位双手掐颈危害：头部缺血缺氧，窒息甚至死亡。

侧位双手掐颈后续攻击：侧掐颈绊摔（或勾踢摔）、掐颈侧头槌、侧掐颈旋膝攻击等。

以下为应对侧位双手掐颈的反击。

打击法：拉手抖击＋侧挑肘＋侧踹转身

动作技术（图2-19a～d）：当对方双手从侧方掐我方脖颈时（以被从右侧掐颈为例），我方迅速出左手抓对方右手下拉，同时右拳抖击对方，接右上挑肘击打对方下颌，再接右脚侧踹对方腹股沟或小腹以拉开双方距离，最终实现摆脱，可转身逃离也可转身面对对方继续进攻。

技术点评：本技术链由竞技格斗禁用打击技、控制性打击技与常规打击技构成，简单易学，但需熟练掌握技术链，实战中方可实现反击。

图2-19a

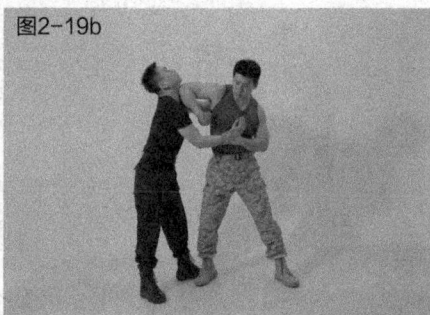

图2-19b

图2-19c

图2-19d

2.2.3 后方双手掐颈的反击

后方双手掐颈（图2-20）：对方从我方身后双手前伸，用双手张开的虎口卡住我方颈部并用4指按压我喉软骨及气管。

后方双手掐颈危害：喉软骨撕裂，头部缺血缺氧，窒息甚至死亡。

后方双手掐颈后续攻击：后掐颈绊摔、掐颈后头槌、后掐颈膝击等。

以下为应对后方双手掐颈的反击。

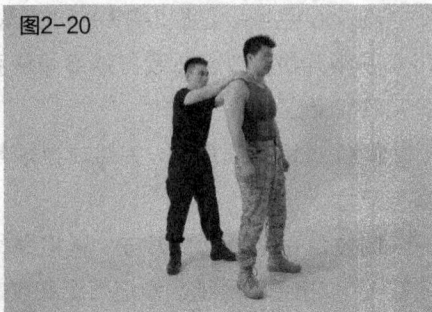

图2-20

打击法：侧步拉指下拉 + 后挑肘 + 后蹬腿转身

动作技术（图2-21a～e）：对方从后方掐我方脖子时，我方迅速重心向前，低头，左撤步下蹲，双手从肩上向后伸抓住对方手向下拉；

右手随着拉下对方的手直接握拳抖击对方；

接后挑肘击打对方下颌；

后蹬腿踹击对方腹股沟以拉大双方距离，顺势转身继续攻击。

图2-21a

图2-21b

图2-21c

图2-21d

图2-21e

技术点评：本技术链由禁用打击技与常规打击技组成，简单易学，但是要多次训练，熟练掌握技术链才有实战效果。

2.2.4 单手掐颈的反击

单手掐颈（图2-22）：对方单手前伸，用张开的虎口卡住我方颈部前侧，使我方喉软骨及气管受压。

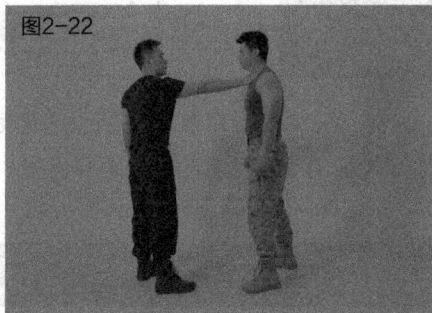
图2-22

单手掐颈危害：头部缺血缺氧，窒息。

单手掐颈后续攻击：掐颈拳击、掐颈肘击、掐颈绊摔、掐颈头槌、掐颈膝击等。

以下为应对单手掐颈的反击。

打击法：勾腕搓推 + 踢击腹股沟 + 连续攻击

动作技术（图2-23a～d）：对方从前方单手掐我方颈部（以被右手单手掐颈为例），我方迅速伸左手从对方右手上掠过，勾住对方右手腕向左后猛拉，同时从中路出右手搓推对方鼻软骨；之后右脚前踢腹股沟并左脚向左前滑步，再左右直拳连击对方右脸或右侧头部；左上转步绕到对方身后，推击对方头部以控制距离，接后踢腹股沟，然后后撤步向后撤离。

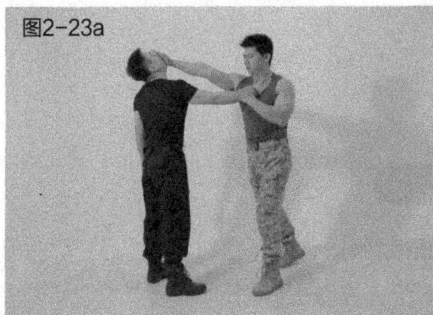
图2-23a

图2-23b

图2-23c

图2-23d

技术点评：该方法与对方前方双手掐颈的应对方法相同，体现了技术链的通用性。

2.3 应对站立熊抱的反击

本节主要是针对4种常见熊抱及抱摔的反击策略。众所周知，熊抱后的抱摔，利用水泥地面的撞击可以产生极大的伤害，因此对其防御至关重要。

2.3.1 前方不连臂熊抱的反击

前方不连臂熊抱（图2-24）：对方从前方双臂张开环抱住我方躯干，我方两只手臂没有被环抱住，呈可以自由活动的状态。前方熊抱后，对方一般会接抱摔，或者进行近身侵犯活动。

图2-24

前方不连臂熊抱危害：完全控制我方行动，对我方尊严产生侵犯，为对方后续的抱摔攻击创造机会。

前方不连臂熊抱后续攻击：熊抱蛮力摔、熊抱绊摔、熊抱头槌等。

以下为应对前方不连臂熊抱的反击。

防摔＋打击：撤步压头＋膝击脸部

动作技术（图2-25a～b）：以对方下潜欲熊抱为例，对方下潜时，我方迅速后撤前腿；然后迅速伸手抓住对方头部两侧并用力下压，接膝击其面部；

也可撤步闪身到对方身侧，双方呈L型站位，对方前躬身，我方抓对方后衣领或头发，从侧面膝击对方脸部。

技术点评：本技术是控制型打击技。在对方发起前方熊抱并未成型时使用，平时多加训练有利于防止对方近身，因为一旦熊抱形成，对方采用摔法，对我方会更加不利。

图2-25a

图2-25b

2.3.2 前方连臂熊抱的反击

前方连臂熊抱（图2-26）：对方从前方双臂张开环抱住我方双臂及躯干，我方两只手臂被环抱住，无法自由活动。前方熊抱后，对方一般会接抱摔，或者进行近身侵犯活动。

前方连臂熊抱危害：完全控制我方行动（包括手臂的运动），对我方尊严产生侵犯，为对方后续的抱摔攻击创造机会。

前方连臂熊抱后续攻击：熊抱蛮力摔、熊抱绊摔、熊抱头槌等。

以下为应对前方连臂熊抱的反击。

图2-26

要害攻击法：后跳步击裆＋抱臂面部攻击＋推眼脊柱固——践踏摆脱法

特点：利用特殊攻击和前趋步进行防御。

动作技术（图2-27a～f）：当对方由前方进行连臂熊抱时，我方单手向前抖击对方或单膝攻击；

  如果对方熊抱的双臂解开，我方接肘击攻击[若对方熊抱仍未破解，我方则使用"抱臂面部攻击＋推眼脊柱固"（践踏摆脱法），即我方单手向前抖击对方后接单膝击裆]，收腿时两脚叉开下蹲，两臂上伸从对方双臂外侧绕过，我方两臂肘窝就像从外侧抱住对方双臂；

  我方两手拇指攻击对方面部，然后前旋发力（前下发力）迫使对方头后仰；

  与此同时，我方双腿从对方双腿外侧向前疾走几步（看上去就像从对方身上践踏而过），利用面部攻击和向前走的合力使对方脊椎被迫后弯以致被迫躺倒；

  再接踩踏；

  亦可接骑乘上位攻击。

  技术点评：本技术链由特殊打击技与特殊摔法组成，都是竞技格斗的禁用技术。

图2-27a

图2-27b

图2-27c

图2-27d

图2-27e

图2-27f

2.3.3 后方不连臂熊抱的反击

后方不连臂熊抱（图2-28）：对方从后方双臂张开环抱住我方躯干，我方两只手臂没有被环抱住，可以自由活动。后方熊抱后，有时会接抱摔。

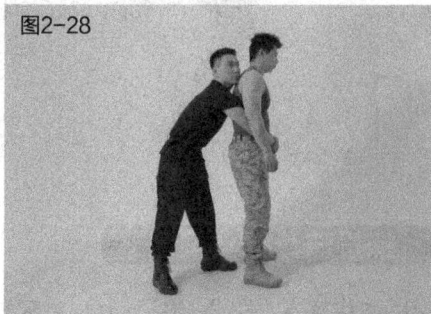

图2-28

后方不连臂熊抱的危害：完全控制我方行动，对我方尊严产生侵犯，为对方后续的抱摔攻击创造机会。

后方不连臂熊抱后续攻击：过桥摔、后熊抱绊摔、后熊抱头槌等。

以下为应对后方不连臂熊抱的反击。

打击法＋特殊攻击：钻头式踩踏＋后磕＋侧移抖裆＋面部攻击

动作技术（图2-29a～d）：当对方从后方不连臂熊抱时，我方抬右脚，脚尖向右微转，猛力向下踩踏对方右脚面（踩踏后，右脚向外继续转动以产生旋碾伤害）；

右脚跟向后磕击对方右腿胫腓骨（或膝盖）；

然后身体向左侧移并用右手向后抖击对方；

身体向后躬身，右手向上从对方头右侧绕过并抓对方脑后头发向后拉拽对方头部，接着对其进行面部攻击。

技术点评：本技术是几种特殊打击技的组合技术，踩踏和后磕需要穿军靴（或高跟鞋）等有一定攻击威力的鞋才有攻击效果，如果光脚或者穿运动鞋，建议直接使用后抖击接面部攻击。

图2-29a

图2-29b

图2-29c

图2-29d

摔投法：铲斗投法

动作技术（图 2-30a ~ c）：当被对方从后方不连臂熊抱时，我方左脚迅速向斜后撤步，右脚转过对方左侧大腿并插入对方腿后，同时我方半蹲躬身且双手向后伸（右手从对方身前向后伸，左手顺势向后伸），抓住对方腘窝（膝盖后侧），然后蹬地、伸髋、挺身（像挺举那样），将对方双腿举起向后投摔；或者自己主动后倒砸摔，以增加对方伤害。

技术点评：本技术是摔投技，有一定力量的训练者，尤其是熟练掌握高翻技术者，使用本方法更合适；本技术在对方并腿熊抱时成功率大；在对方大分腿熊抱时，由于我方一条腿不易插到对方腿后，所以成功率有限。

当我方力量小无法将对方举起时，可以采用鼻推式舍身砸摔的方法破解后方不连臂熊抱。

图2-30a

图2-30b

图2-30c

战术格斗补充技术 1：鼻推式舍身砸摔（图 2-31a ~ d）

当被对方从后方不连臂熊抱时，我方左脚迅速向斜后撤步，右脚转过对方左侧大腿并插入对方腿后（最好别在对方双腿之后）；然后我方右手从对方面前用小鱼际切推对方鼻软骨，同时自身主动后倒，利用体重舍身和右腿的绊摔效果使对方后倒，并利用体重进行砸压以增加动作效果。

图2-31a

图2-31b

图2-31c

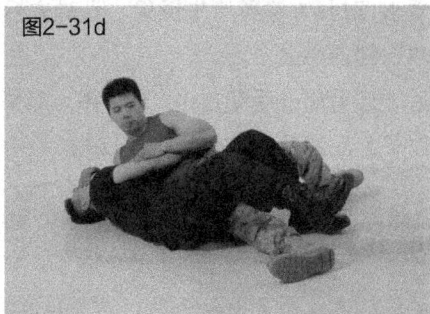

图2-31d

战术格斗补充技术 2：鼻推式抄腿舍身砸摔（图 2-32a ～ c）

在鼻推式舍身砸摔的基础上，加入左手抓对方左腿腘窝并抄起对方左腿的动作。

技术点评：鼻推式舍身砸摔对使用者的
力量要求比铲斗投低，而鼻推式抄腿舍身砸
摔是介于鼻推式舍身砸摔与铲斗投之间的技
术，需要使用者的力量居中。在实战中，要
根据自身力量特点选择适合自己的格斗技术。

图2-32a

图2-32b

图2-32c

2.3.4 后方连臂熊抱的反击

后方连臂熊抱（图2-33）：对方从后方双臂张开，环抱住我方手臂及躯干，我方两只手臂被环抱住，无法自由活动。后方熊抱后，对方一般会接抱摔，或者进行近身侵犯活动。

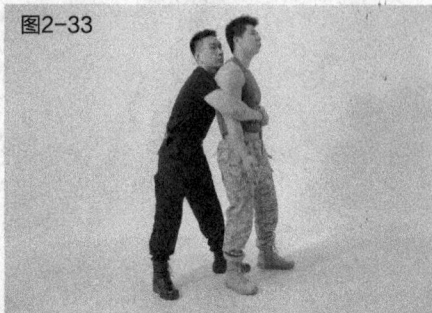
图2-33

后方连臂熊抱危害：完全控制我方行动（包括手臂），对我方尊严产生侵犯，为对方后续的抱摔攻击创造机会。

后方连臂熊抱后续攻击：过桥摔、后熊抱绊摔、后熊抱头槌等。

以下为应对后方连臂熊抱的反击。

防摔法：拉腕腋下逃脱法

动作技术（图2-34a～f）：对方从我方后方连上臂带腰一并抱住时，我方迅速向上抬前臂抓住对方右手（或抓对方右手指），用力扳折迫使其松手；

转身，锁其被折指的手腕；

此时，我方的左手握住对方右手或右手腕并向下拉，右手抓住对方右前臂，身体迅速左转；

右臂向后推对方右肩，左转身扳折对方右腕的同时，我方低头从对方右腋下逃出，同时迫使对方右掌心向上，用力向前向上推对方右手掌，锁住对方腕部；

控制对方右臂，使其右臂与身体尽量垂直，撤步后拉迫使对方扑倒。也可在锁住对方右腕后，先对其脸部进行踢击，再迫使其扑倒。

战术格斗加强版：把拉对方右手换成拉对方拇指，其他动作不变。

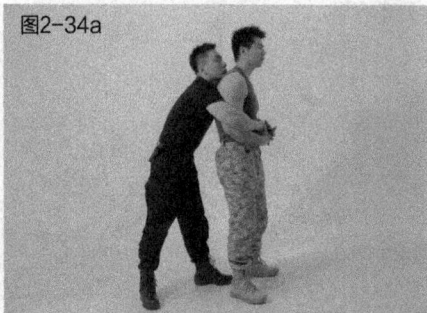
图2-34a

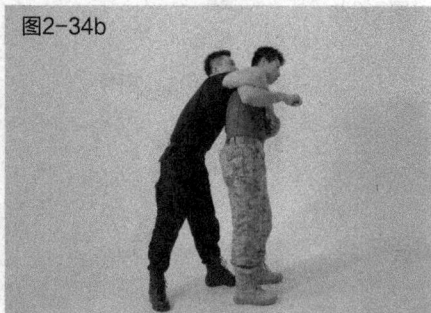
图2-34b

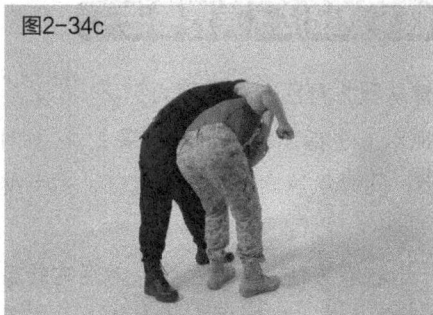
图2-34c

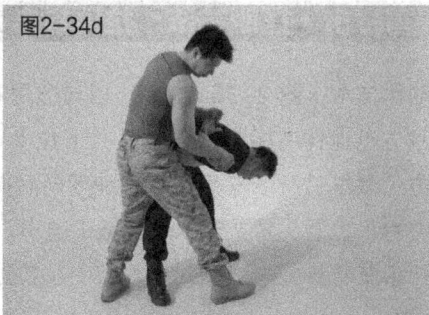
图2-34d

图2-34e

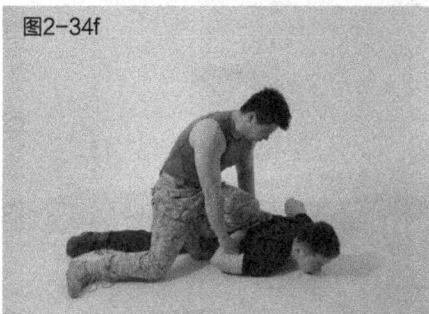
图2-34f

技术点评：本技术属于常规摆脱法，如果加入扳折小拇指，即为竞技格斗禁用技。本技术有一定概率会造成对方由背侧连臂熊抱变成单臂后锁喉，我们要运用本章下文介绍的防御背后锁颈的技术进行连续防御反击，形成连续技术链。近身缠斗中，如果可以掰断对方一根小指，则可以极大降低对方的抓握力，使对方摔投技和关节技均受到影响；同时小指折断后的手无法握拳，也就瓦解了对方一只手的拳法攻击。

2.4 应对其他站立缠斗的反击

2.4.1 应对后方单臂锁颈的反击

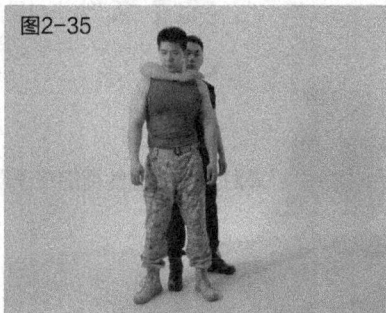
图2-35

后方单臂锁颈（图 2-35）：对方单臂从后面或者侧面用肘窝锁住我方脖颈。

后方单臂锁颈危害：头部缺血或者窒息。

后方单臂锁颈后续攻击：单臂锁颈拳击、裸绞、单臂锁颈头槌、单臂锁颈摔法、单臂锁颈刀刺等。

以下为应对后方单臂锁颈的反击。

要害打击 + 摆脱技法：拉臂抖击 + 腋下退出法 + 夹臂拳击

动作技术（图2-36a～e）：以对方用右臂从我方身后左侧锁颈为例。

我方迅速伸右手抓对方右手并下拉（可抓对方手指以增加解脱效果），左手向后抖击对方，微左转身。左手从对方腋下向后掏出，同时从后向前推对方肩部，右手继续下拉对方右手，低头将头部从对方腋下退出。

然后左转身，右臂从对方右臂上部掠过，用右腋夹住对方右上臂，然后右转身别拧对方右肩关节，同时借身体右转之力，用左摆拳或左平勾拳攻击对方后脑。

技术点评：本技术是摆脱型关节技与控制型竞技禁用打击技的组合技术。熟练掌握后，逃脱效果不错，但可能给对方造成比较严重的伤害。

图2-36a

图2-36b

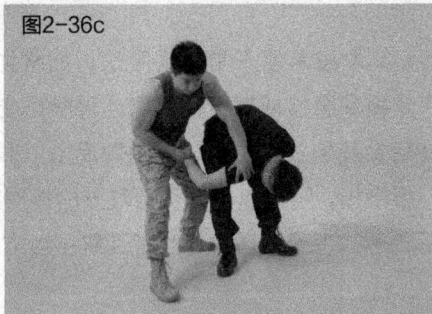

图2-36c

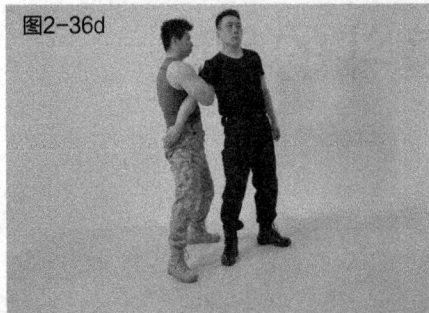

图2-36d

图2-36e

提示

夹对方右上臂的目的在于防止对方用右肘向后攻击我方右侧软肋。

2.4.2 应对前方断头台的反击

前方断头台（图 2-37）：对方从前侧由上至下单臂肘窝锁住我方脖颈，使我方处于一种颈部被锁且前躬身的状态。

前方断头台危害：头部缺血甚至窒息。

前方断头台后续攻击：前锁颈拳击、前锁颈肘击、前锁颈膝击、站立断头台、舍身地面断头台等。

以下为应对前方断头台的反击。

图2-37

打击法：抖肘掐踢四连击

动作技术（图 2-38a ～ d）：对方从前方对我方使用断头锁（以对方右臂对我方断头锁为例），我方迅速左手握紧对方右手一根手指，下拉对方右臂，同时我方身体微下蹲，利用下蹲的力量作用于对方的右手上，我方右手抖击对方；

右上挑肘击对方下颌，缩头，使头部从对方右腋下逃脱；

右手拇指推击对方咽喉；

接前踢腹股沟；

图2-38a

图2-38b

图2-38c

图2-38d

或右手从对方颈部左侧入手搂对方后颈，右膝撞裆。

技术点评：本技术是特殊打击技与一般打击技的组合技术，简单易学，摆脱成功率高。

2.4.3 应对抓衣领的反击

前方抓衣领（图2-39）：对方用一只手抓住我方衣领，另一只手蓄势攻击。

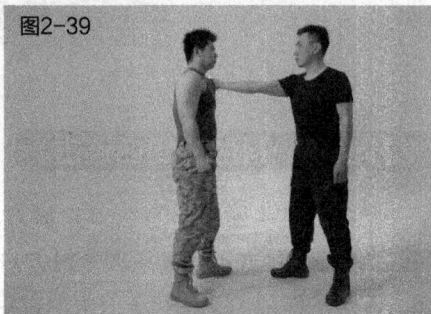
图2-39

前方抓衣领危害：控制我方行动，可以边揪衣领边谩骂，也可以一只手揪衣领另一只手进行殴打。

前方抓衣领后续攻击：抓衣领拳击、抓衣领掌掴、抓衣领肘击、抓衣领头槌、抓衣领踢击、抓衣领膝击、抓衣领摔法等。

以下为应对前方抓衣领的反击。

特殊摔法：撤步拉肘扳头摔

动作技术（图2-40a～d）：当对方单手抓我方衣领时（以右手抓我方衣领为例），我方迅速左转身，伸右手掌心向上从对方右肘下掏过，抓住对方右肘向后向右拉，同时我方右撤步；

伸左手绕过对方头部，按对方鼻子并逆时针旋拧对方头（或抓对方头顶头发逆时针旋拧对方头，或抓对方左耳朵逆时针旋拧对方头），同时左脚截腿踩击对方右腿膝盖后侧腘窝，迫使对方躺倒在我方身前；

接左脚踩踏。

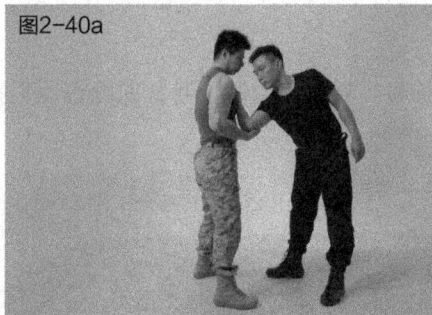

图2-40a

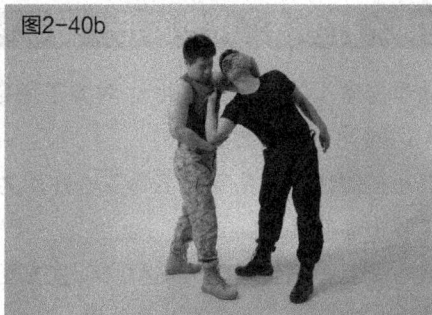

图2-40b

图2-40c

图2-40d

技术点评：本技术是站立关节技（对颈椎的关节技效果）与打击技的组合技术。本技术拉臂、扳头、截腿需要快速完成，在训练上有一定难度，需要熟练掌握才有实战效果。

2.4.4 应对抱腿摔的反击

前方抱腿（图2-41）：对方从我方前侧下潜双手抱我方腿的攻击方式，包括下潜抱双腿（通常是抓我方腘窝）和下潜抱单腿。

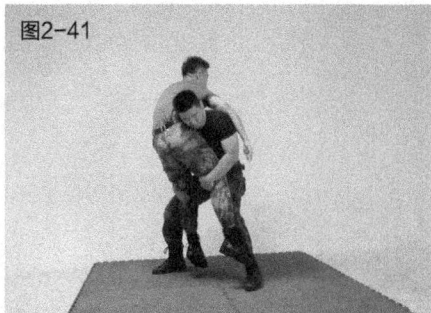

图2-41

前方抱腿危害：便于对方使用各种摔法和砸摔，同时控制我方行动。

前方抱腿后续攻击：抱双腿摔、抱双腿砸摔、抱单腿旋摔、抱单腿绊摔、抱单腿扛摔等。

以下为应对前方抱腿的反击。

防摔 + 打击法：撤步膝击 + 砸拳

动作技术（图2-42a ～ c）：对方下潜欲抱腿。对方下潜时，我方前腿迅速后撤并转身，同时伸手抓对方头两侧；

然后控制住对方头部，下降重心并用力下压，接膝击面部；

图2-42a

双方呈 L 型站位，对方前躬身，我方压住对方头，从侧面用砸拳攻击对方后脑。

技术点评：本技术是常规打击技与禁用打击技的组合技术。要求撤前腿要快，竞技格斗中禁用。

图2-42b

图2-42c

第 3 章

以色列格斗术应对
站立打击技
的方法

站立打击技相对于一般的纠缠，是暴力升级的徒手伤害和攻击形式，在街头自卫中也是最常见的暴力形式。以色列格斗术中应对站立打击技的防御方法使用范围很广。以色列格斗术应对站立打击技时呈现出格挡反击、拉臂反击、摔投反击、站立关节技控制与摔投、地面关节技与绞技、反击抓捕等多种不同形式的反击模式。同时，以色列格斗术中很多站立打击技的反击技术和徒手对武器技术是通用的，例如以色列卡帕术中应对直拳的"三连挡＋推肘直拳"是从徒手应对折刀直刺的反击中迁移过来的。掌握好本章的技术，能为第 5 章中徒手应对武器攻击的技术奠定基础。

应对手部攻击的方法

应对腿法攻击的方法

3.1 应对手部攻击的方法

街头攻击中，手部打击技攻击是出现频率最高的攻击方式，包括掌掴、直拳、摆拳、勾拳、平勾拳和击腹等。对这些攻击的防御，整合版的以色列格斗术有着自己独特的防卫方式和技术倾向。大家最好整合性地学习整合版的防卫方式，以掌握立体的防范模式。

3.1.1 以色列格斗术中的"内和外"

"内"：近身位对方两臂前伸，在对方两臂内侧为"内"。一般对付各种摆击或旋转攻击（包括拳法的摆击、腿部的摆击），我方在格挡与反击时要尽量使自己进入对方两臂之间。

"外"：近身位对方两臂前伸，在对方两臂外侧为"外"。一般对付各种直线攻击（直拳、正蹬、侧踹等），我方在格挡与反击时要使自己闪身到对方两臂外侧。

提示 根据下文的实战反击案例，读者要细细体会这些技击原则在实战中的应用。

3.1.2 应对直拳的方法

直拳（图3-1）：通过蹬腿、送胯、送肩、伸臂、旋腕，利用拳锋直线攻击。直拳在街头格斗中使用频率较高，但不如摆击（摆拳或者扇掌）使用频率高。

图3-1

直拳危害：打伤眼睛、鼻梁，打掉牙齿，打中下颌造成下颌脱臼或者晕眩。

直拳后续攻击：组合拳连续攻击、拳腿组合、拉肩膝撞等。

以下为应对直拳的反击。

格挡＋拳膝打击法：外侧格挡＋直拳连击＋外侧拉肩膝击＋推开撤离

动作技术（图3-2a～e）：当对方直拳打来（以右直拳为例），我方左脚上转步，左闪，用左手掌从对方右腕外侧拍击（也可以滚推式格挡），改变对方直拳方向；同时我方出右直拳攻击对方面部或者右侧下颌；马上接左直拳连击；无论打中对方与否，接双

图3-2a

手拉对方头和肩，抬右膝攻击对方腹部；然后推开对方，趁机撤离或者进行后续攻击。

技术点评：本技术链走直拳外侧躲闪与单手格挡路线，打击技反击，快而直接，可以在竞技格斗与街头自卫中使用。

图3-2b

图3-2c

图3-2d

图3-2e

3.1.3 应对摆拳的方法

图3-3

摆拳（图3-3）：通过蹬腿、送胯、胸椎扭转、肩关节爆发性水平内收，利用食指、中指掌指关节和拳锋进行打击。

摆拳危害：打伤眼睛、鼻梁，打掉牙齿，裸拳打中下颌造成下颌脱臼、晕眩或脑震荡。

摆拳后续攻击：组合拳连续攻击、拳腿组合、摆拳膝击组合、打晕后接摔法等。

以下为应对摆拳的反击。

冲撞反击法：挑肘冲击拳 + 内围近身技

动作技术（图3-4a ～ b）：对方摆拳打来，我方左臂挑肘并左手抱住我方后脑，左肘向前，右手成搓推掌或者日字直拳；

我方保持左臂挑肘抱头，右手日字直拳状态，突然上步前冲向对方正面，用右肘前顶，右拳前冲破防进入对方内围；

迅速接颈椎锁；

或者拉臂平击肘。

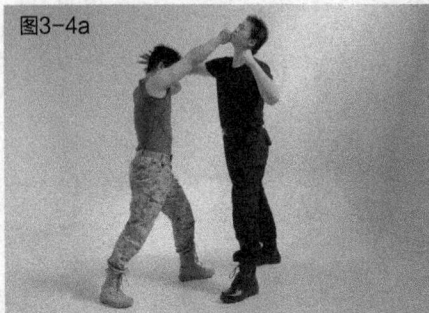
图3-4a

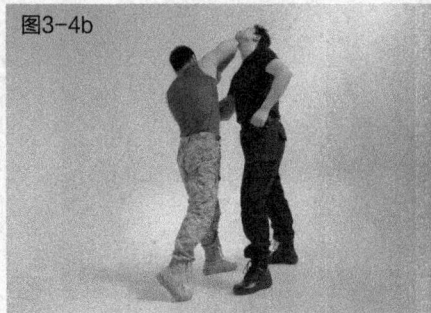
图3-4b

提示

（1）挑肘冲击拳要具有突然性。如果一次不成功，不应该连续使用。
（2）挑肘冲击拳应该使用胸靶或沙袋进行练习。

技术点评：本技术为连防带打的打击技。本技术简单易学，除了作为应对摆拳的防反技术外，还可以运用到对乱拳的防反中。

3.1.4 应对勾拳的方法

勾拳（图3-5）：以右上勾拳为例，攻击者身体微下蹲蓄力，蹬右腿，身体向上挺，右脚踝外旋，右脚跟离地；腰向左微转，向前送右肩，右臂向上勾击。

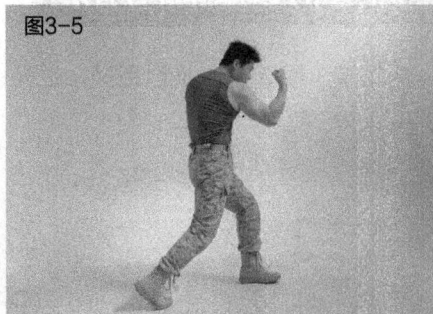
图3-5

勾拳危害：打中下颌会造成下颌骨折、晕眩或者脑震荡，躬身位击伤面部。

勾拳后续攻击：组合拳连续攻击、拳腿组合、拉肩膝撞等。

以下为应对勾拳的反击。

格挡 + 打击法

（1）应对勾拳的基础格挡技术

a. 下位 45 度格挡：上臂于身体两侧夹紧，护住两肋，前臂向外伸。

下位 45 度格挡目的：防御低位勾拳，配合步伐和搓挡技术防御扫腿。

b. 躬身位 45 度格挡：身体向前躬身，两手向下伸，肘关节呈 45 度角。

躬身位 45 度格挡目的：格挡胃拳、下勾拳和下位捅刺的手腕。

（2）应对勾拳的防守反击：下格挡 + 直拳（图 3-6）

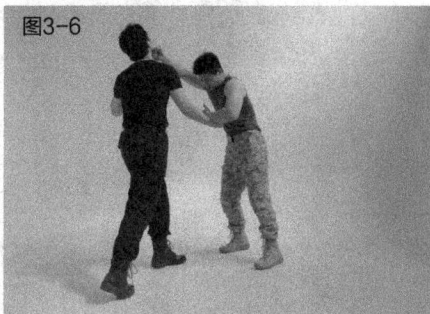

图3-6

当对方下勾拳打来（以右下勾拳为例）时，我方由格斗架势开始，左前臂向下，用前臂外侧撞击对方右前臂内侧，撞击后我方左前臂紧贴对方右前臂向下滑动，同时向外拨开对方右手；

我方出右拳迎击对方面部；

接快速直拳攻击、肘击等。

技术点评：本技术链为连防带打的打击技反击，需要熟练的直拳技术作为基础。本反击方式是其他版本以色列格斗术反击方式的基础。

3.1.5 应对乱拳的方法

乱拳：直拳、勾拳、摆拳、抡拳和掌掴等胡乱组合的拳法攻击。其中抡拳是自斜上至斜下的抡摆或者自上而下的抡砸，不是现代搏击中的典型拳法。

乱拳的危害：乱拳的攻击威力显然不如经过学习的直摆勾组合拳法。

乱拳的后续攻击：乱拳、拳腿组合、近身缠抱等。

以下为应对乱拳的反击。

冲撞打击法：挑肘冲击拳法

动作技术（图 3-7a ～ d）：对方乱拳打来，我方左臂挑肘并用左手抱住我方后脑，左肘向前，右手成搓推掌或者日字直拳；

我方保持左臂挑肘抱头，右手呈日字直拳状态，迅速上步冲向对方正面，用左肘前顶，右拳前冲破防进入对方内围；

迅速接颈椎锁；

或者拉臂平击肘，捋肩膝撞。

技术点评：本技术属于防御式冲撞和多种打击技的组合技术。

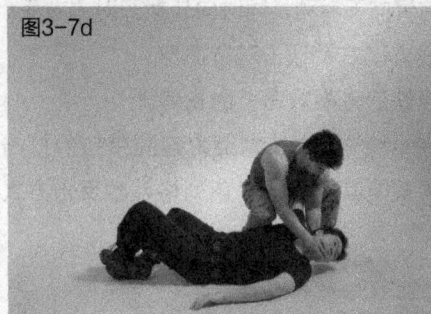

图3-7a

图3-7b

图3-7c

图3-7d

3.2 应对腿法攻击的方法

3.2.1 应对低扫腿（鞭腿或旋踢）的方法

低扫腿：以右扫腿为例，对方左脚尖向左侧外旋并踏实地面，右腿提膝，右髋微外展，向内翻胯，向内挥摆右腿并伸膝，用胫骨末端、踝关节前侧或者脚背攻击我方小腿至脚踝高度。

低扫腿危害：踢伤膝关节，踢伤小腿内外侧，踢伤腘窝，勾踢使我方摔倒等。

低扫腿后续攻击：连续低扫、拳腿组合、近身膝击或抱摔。

以下为应对低扫腿的反击。

格挡 + 要害打击：提膝防御 + 同侧踢击腹股沟

动作技术（图 3-8a～b）：当对方低扫腿攻击我方小腿时（以我方左腿受到攻击为例），我方提左膝防御低扫腿攻击。

若对方低扫腿击中我方小腿，我方迅速提左膝、伸左膝踢击对方腹股沟。提膝与踢击腹股沟一气呵成。

若对方低扫腿从我方左脚下落空，我方则直接伸左膝踢击对方腹股沟。

技术点评：本技术链为打击技反击技术链，对使用者的髋关节灵活性及单腿支撑平衡性有一定要求。

图3-8a

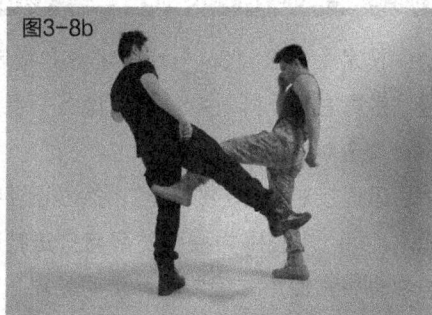
图3-8b

3.2.2 应对中段扫腿（鞭腿或旋踢）的方法

中段扫腿：以左扫腿为例，对方右脚尖向右侧外旋并踏实地面，左腿提膝，左髋微外展，向内翻胯，向内挥摆左腿并伸膝，用胫骨末端、踝关节前侧或者脚背攻击我方大腿至躯干高度。

中段扫腿危害：踢伤大腿外侧肌肉，踢断肋骨或前臂等。

中段扫腿后续攻击：拳腿组合，近身膝击或抱摔。

以下为应对中段扫腿的反击。

格挡 + 要害打击：提膝防御 + 踢击腹股沟

动作技术（图 3-9a～b）：当对方中段扫腿攻击我方大腿或侧腹时（以我方左身侧受到攻击为例），我方先提左膝防御，紧接着伸左膝踢击对方腹股沟。

技术点评：本技术是打击技的格挡与反击技术。提膝一定要高，踢击腹股沟一定要快。

图3-9a

图3-9b

接腿 + 要害打击：接腿直拳 + 踢击腹股沟

动作技术（图 3-10a ～ d）：对方右鞭腿或右扫腿攻击我方左身侧时，我方左前臂向下搓挡对方右腿，接着右脚向右跨出一步，向右闪身，同时左手顺势将对方右腿抱住，右手直拳攻击对方面部；

然后迅速接右腿踢击腹股沟，然后迅速撤离。

技术点评：本技术为接腿防御与打击技的组合技术。接腿直拳在 MMA 竞技中和自由搏击中也经常使用，但要想产生明显攻击效果，对接腿和直拳击打力有一定要求。

如果对方力量比我方小，我方也可放弃右跨步和搓挡动作，直接用大腿外侧或左侧腰接对方的鞭腿或扫腿攻击并用左臂抱住其右小腿，同时出右直拳。

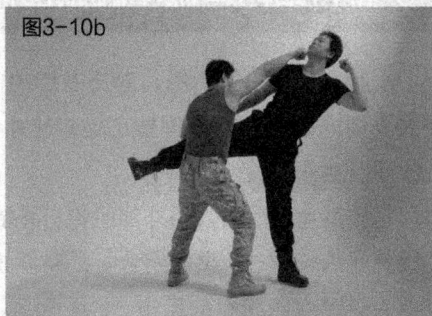

图3-10a

图3-10b

图3-10c

图3-10d

3.2.3 应对高扫腿（鞭腿或旋踢）的方法

高扫腿：以左扫腿为例，对方右脚尖向右侧外旋并踏实地面，左腿提膝，左髋大幅度外展，向内翻胯，向内挥摆左腿并伸膝，用胫骨末端、踝关节前侧或者脚背攻击我方颈部至头部高度。

高扫腿危害：踢伤防御架势的前臂，踢伤下颌和颈部，踢头至晕眩甚至脑震荡。

高扫腿后续攻击：拳腿组合，近身膝击或抱摔。

以下为应对高扫腿的整合版反击。

场景防御

寻找狭窄空间或有较高物体的地方躲避。在狭窄空间，例如地铁、酒吧、居室里，高扫腿几乎都施展不开。当我方身边有高大物品时，可以利用这些物品对高、中段、低扫腿进行格挡防御。

近身防御

动作技术（图 3-11）：高扫腿需要合适距离以发挥攻击力量。因此当对方起腿时，我方选择上步近身即可瓦解对方的攻击，并且可在近身的同时接直拳、肘击、捋肩膝撞、绊摔、勾踢摔和抱单腿摔。近身防御技术需在平时训练中多加练习。

图3-11

3.2.4 应对正蹬腿的方法

无论练习过与否，人类都能使用正蹬腿进行攻击，其在攻击中出现的频率很高。

正蹬腿：对方提膝蓄力并向前爆发性伸膝、蹬腿，以脚底攻击我方。

正蹬腿危害：攻击我方小腹，拉远两人距离，攻击下颌或面部。

正蹬腿后续攻击：拳腿组合、近身膝击或抱摔。

以下为应对正蹬腿的反击。

接腿＋要害打击：后撤步躬身接腿＋踢击腹股沟＋撤离

动作技术（图3-12a～b）：当对方正蹬腿袭来，我方迅速后撤步，躬身接腿，再迅速起身接踢击对方腹股沟，然后迅速撤离。

技术点评：本技术链为接腿与特殊打击技的组合技术链，简单易学，但是在一般自卫与竞技格斗中禁止使用。

图3-12a

图3-12b

3.2.5 应对踢击腹股沟的方法

踢击腹股沟通常会对男性造成极大的伤害，学习应对该种技术的方法将使防御方的受伤概率明显降低。

踢击腹股沟危害：踢伤腹股沟和裆部。

踢击腹股沟后续攻击：拳腿攻击或者绊摔。

以下为应对踢击腹股沟的反击。

主动格挡法：上步转身膝撞法

动作技术（图3-13a～d）：当对方踢击我方腹股沟时，我方用前腿进行防御，即上步向内侧转，同时借侧转惯性提膝，用膝盖下粗壮胫骨上端撞击对方攻击腿的胫骨侧面；

接双直拳连击，再接抓肩、膝击腹股沟。

技术点评：主动攻击即防御，但是本技术中，成功判断对方是否进行踢击腹股沟的概率不高，很容易被对方打直拳迎击。

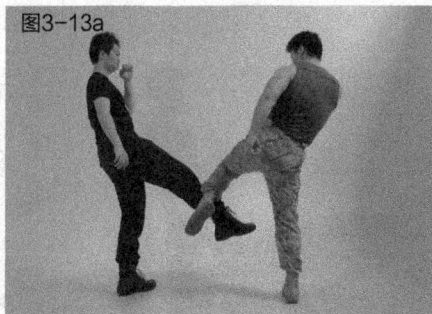
图3-13a

图3-13b

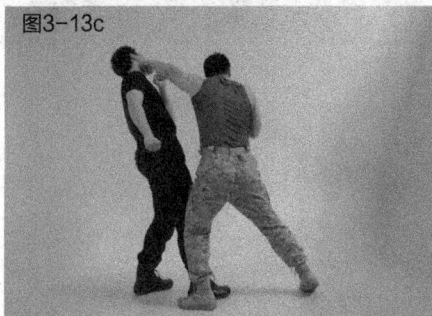
图3-13c

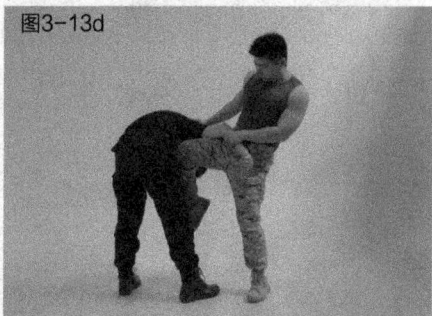
图3-13d

3.2.6 应对侧踹的方法

侧踹攻击是常用的腿法攻击方式，因此防御侧踹攻击的方法使用概率很大。

侧踹：对方侧向提膝蓄力并外展髋关节，再迅速向体侧爆发性伸膝展髋，用脚底攻击我方。

侧踹危害：踹伤小腹，高位侧踹踹伤头部以致晕眩。

侧踹后续攻击：拳腿攻击或绊摔。

以下为应对侧踹的反击。

格挡 + 打击：上转步搪打结合

动作技术（图 3-14a ～ c）：当对方右腿向我方腹部进行侧踹攻击时，我方迅速左上转一大步，尽量接近对方右侧，上步过程中用右前臂外侧格挡对方右小腿后侧，同时用左手插掌攻击对方面部或颈部；

接上步，右前臂快速攻击对方颈部；

再转身接背后裸绞。

技术点评：本技术链为步伐、格挡防御、特殊攻击和站立绞技的组合技，和防御正蹬腿攻击的反击方法类似。

图3-14a

图3-14b

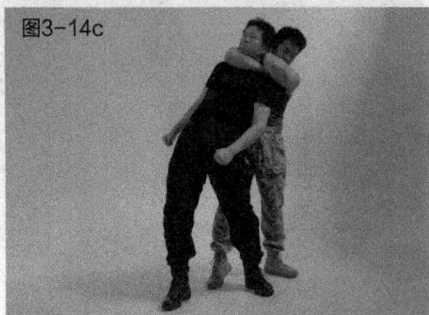

图3-14c

第4章

以色列格斗术的

地面格斗技术

一般的马伽术教练很少教授地面格斗技术，那是因为早期版本的以色列格斗术原则是尽量避免陷入地面缠斗，但是实际徒手搏斗中很难避免陷入地面缠斗。如果不对各种整合版的以色列格斗术进行跨流派综合研究，普通的练习者很容易忽视以色列格斗术从其他格斗技中移用过去的丰富的地面格斗技术。

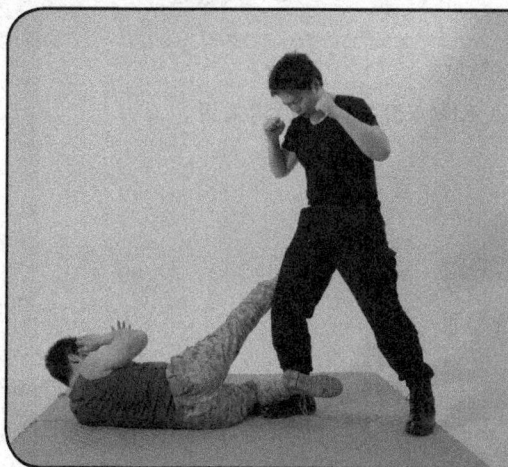

地面防卫的基本策略

受身与地面上位攻击

地面下位攻击策略

地面技术的其他问题

4.1 地面防卫的基本策略

4.1.1 倒地后的反击策略

"对方站我方倒"：对方用摔法使我方倒地，或者我方因各种自身原因倒地，同时对方处于站立位的状态。

"对方站我方倒"的危害：对方可以利用踩踏和足球踢攻击我方，也可以上位压制，或者使用武器攻击。

"对方站我方倒"后续攻击：踩踏，足球踢，压制位（包括骑乘位、跪骑位、四方位、南北位）压制攻击（包括砸拳、肘击、头槌、地面膝等），武器攻击。

以下为应对"对方站我方倒"的反击策略。

地面防守架势

动作技术（图4-1）：平躺于地面，双手屈肘抱头以阻挡对方对我方头侧的踢击攻击。一条腿屈膝约90度，脚平放于地面，脚向地面发力并扭动腰身，使身体可以在地面任意移动；另一条腿抬起，小腿约与地面平行，脚部悬空，伺机蹬踹对方膝盖、脚踝或胫骨前端，为地面绊摔或起身创造条件。

图4-1

技术点评：地面防守架势可以极大地降低对方处于站立位时的踢击成功率，该技术在MMA竞技中也经常采用。

倒地快速站立技术

动作技术（图4-2a～c）：双手屈肘护头，抬起一腿（以左腿为例），伴装对对方进行地面攻击，然后突然向右侧翻身，右手扶地，左臂屈肘并将前臂横于头前，防止对方踢击我方头部；用左脚和右手支撑身体，右腿向后撤并用力站起，站起时身体重心尽量做垂直运动，站

图4-2a

图4-2b

图4-2c

立后立即恢复格斗架势。

技术点评：本技术中采用后撤步站立，以更好地控制身体平衡，防止二次倒地；同时挡在头前的手臂有一定防御功能，防止在站立过程中我方头部被击伤。本技术在MMA竞技中也有迁移。

▶仰卧位快速站立的专项肌肉链训练——街舞式地上转体（图4-3a～b）

右手扶后脑；接着身体下蹲，左手扶地，左腿向前尽量伸直。站起，换左手扶后脑；接着身体下蹲，右手扶地，右腿向前尽量伸直。左右交替完成20次。

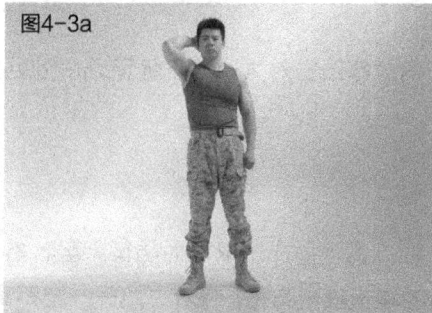

图4-3a

图4-3b

地面防守与旋转防御

▶地面对站立的防御对位训练（图4-4）

我方仰卧于地成倒地后的防御架势，对方在我方脚前站立。对方欲进行俯身攻击，因此试图绕过我方的防御腿。对方围着我方转圈，我方要仰卧后不断转动身体以使对方无法完成俯身骑乘动作，即我方要始终用我方的正面面对对方。而对方尽量进行绕转，以占据有利的

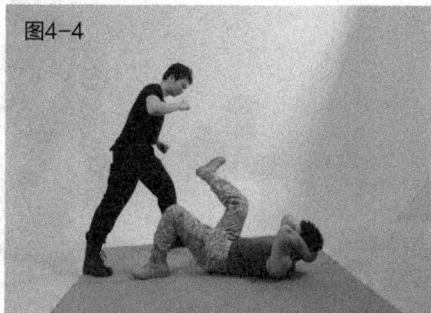

图4-4

攻击或控制位置。

听到教练口令后，我方迅速站起，对方躺下，换位训练。

▶辅助训练

（1）倒地防御架势的身体旋转训练

倒地后呈防御架势，然后快速顺时针旋转8周，再快速逆时针旋转8周。

（2）防御对位训练中的连续踹腿训练（图4-5）

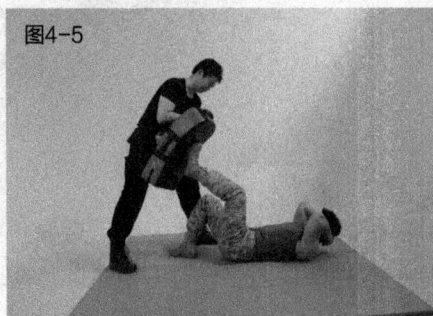

图4-5

在地面对站立的防御对位训练中，我方倒地后踹击对方手持的胸靶，对方绕我方旋转，我方则用地面踹腿进行攻击。

（3）防御对位训练 + 地面踹击 + 快速站立

在训练（2）的基础上，发出强有力的地面踹腿，使对方与我方距离拉大后，立刻接快速站立技术，回归站立格斗架势。

地面侧踹

动作技术：同侧腿和手支撑身体，用另一侧的腿踹击对方，属于地面踹腿到站立位的衔接腿法。

▶地面侧踹的训练

（1）半起身踹腿攻击胸靶训练（图4-6）。

（2）由倒地踹击到快速站立的综合训练：我方倒地后先采取地面防御架势，然后对方持胸靶靠近我方并绕我方转动，我方用恰当的踹击攻击胸靶，将对方踹开一定距离后，接半起身踹腿继续攻击，再接快速站立技术站起身。

图4-6

4.1.2 地面下位的基础防卫

地面骑乘下位：我方仰卧，对方跨骑在我方胸腹上。

地面骑乘下位危害：我方被控制，被连续击打；对方利用重力效应增大打击技威力。

地面骑乘下位后续攻击：砸拳、肘击、上位十字固、举臂位外侧臂锁等。

以下为应对地面骑乘下位的反击策略。

预备基础知识：地面下位对地面上位的打击技

（1）下位直拳（图4-7）

对位于上位的对方进行直拳打击。一般只对对方的攻击起干扰作用，并为我方的其他打击或施展寝技创造条件。当下位者控制住对方身体或手臂后，也可以用下位直拳攻击，例如对对方实行三角绞控制后接下位直拳攻击。

▶ 下位直拳的训练（图4-8）

仰卧起坐转身直拳攻击。持靶者站立持胸靶，让靶面微向下倾斜，我方仰卧于地面上，然后突然坐起并借坐起的惯性，转身出拳攻击胸靶。可重拳单次攻击，也可连续坐起攻击。

图4-7

图4-8

提示　此训练方法既可训练下位直拳，也可训练站立直拳的转腰发力能力，同时对腹肌力量也有良好的训练效果。

图4-9

（2）下位摆拳（图4-9）

对位于上位的对方进行摆拳打击。一般也需结合身体控制技术使用。例如拉臂的摆拳攻击。

▶ 下位摆拳的训练

a. 仰卧起坐转身摆拳攻击手靶（图4-10）

持靶者持手靶，两个靶面向内。我方仰卧，然后突然坐起并借助坐起的惯性转腰发出摆击打手靶。可连续攻击也可单次攻击。持靶者一个一个地给出手靶，而不是两个一起给出。

b. 仰卧起坐转身摆拳攻击胸靶（图 4-11）

持靶者持胸靶，站在我方的侧前方并将胸靶前伸，以便于我方进行摆拳攻击。我方仰卧然后坐起，并借助坐起的惯性转腰发出摆拳，击打胸靶。此训练方法更适合训练下位摆拳的重拳攻击。

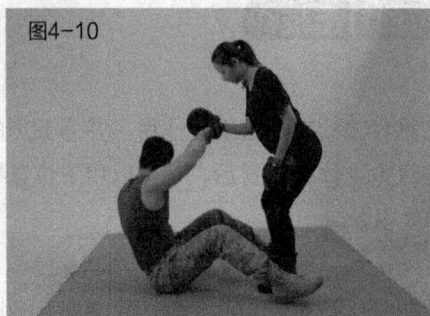
图4-10

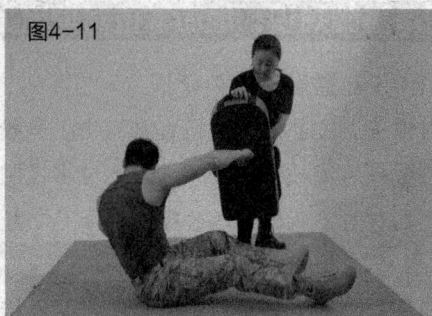
图4-11

（3）下位肘击（图 4-12a ~ b）

对位于上位的对方进行肘击攻击。该攻击方法一般不单独使用，主要是和其他控制技术及地面寝技合并使用。例如左手拉对方右臂或后脑的右肘下位攻击。或者在三角锁锁住对方头部后，也可接下位肘击。

图4-12a

图4-12b

（4）下位踹击

一般也需结合地面控制技术使用。

被骑乘后的翻转

（1）辅助训练：单肩起桥（图 4-13a ~ b）

单肩转身起桥摸地，即仰卧起桥后同时转身，例如起桥后左转身，左肩着地并用右手摸左边的地面。可以左右交替进行训练。每组 20 ~ 30 次，每次训练 2 ~ 4 组。

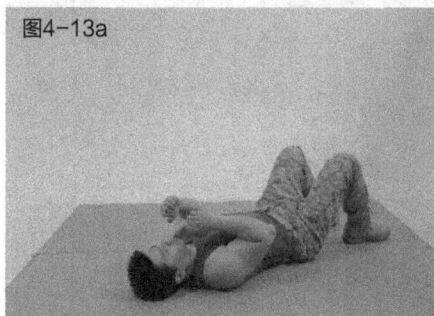

图4-13a

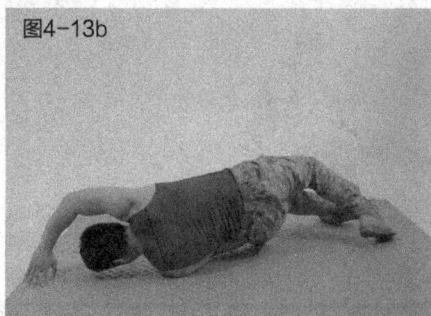

图4-13b

（2）被骑乘后的翻转与攻击（图 4-14a ~ f）

对方骑乘在我方身上，我方左手下拉对方右臂，接着右臂向对手右肩上方伸直，同时用力向左翻滚，直到压住对方成跪骑位；

接寸拳击裆；

我方把对方右大腿搬向我方的右侧，接起身后足球踢。

技术点评：本技术对使用者地面体能模式下的核心力量有很高的要求，要进行地面体能模式下的核心力量训练，才能提高使用本技术时的成功率。

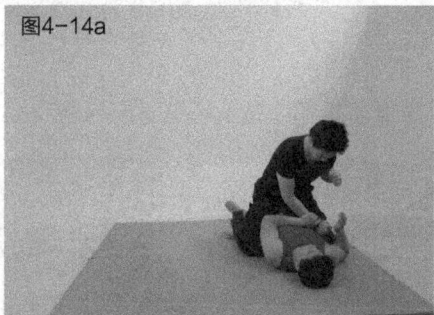

图4-14a

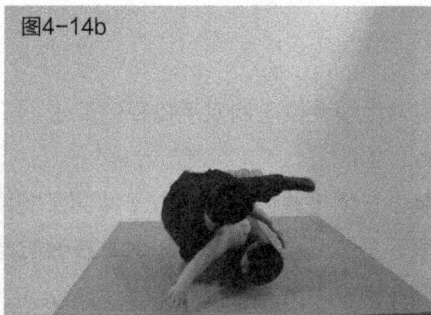

图4-14b

图4-14c

图4-14d

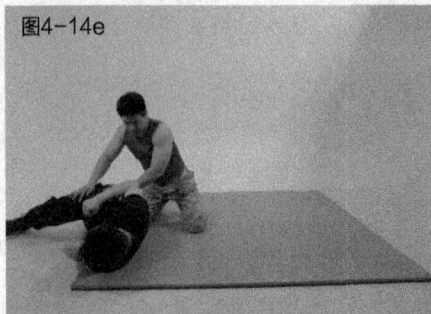

图4-14e

图4-14f

被地面侧位压制双手掐颈的反击

地面侧位压制双手掐颈（图4-15）：我方仰卧，对方在我方身侧（以在右身侧为例），对方下蹲并双手掐住我方脖颈。

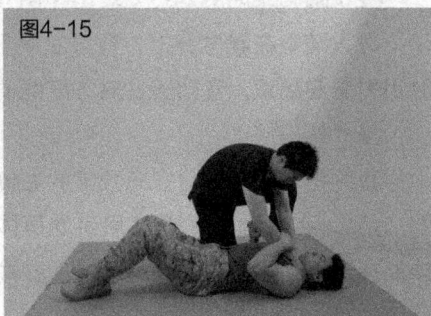

图4-15

地面侧位压制双手掐颈危害：造成我方窒息、喉部挫伤等。

地面侧位压制双手掐颈的后续攻击：单手掐颈砸拳、转骑乘上位攻击、四方位地面膝攻击等。

应对地面侧位压制双手掐颈的反击：勾手搓推 + 拉臂收膝连环腿 + 蹬腹翻身起（图4-16a ～ f）

我方已倒地并仰卧，对方呈体侧压制位并用双手掐住我方的脖子（以对方在我方身体右侧压制位为例）。

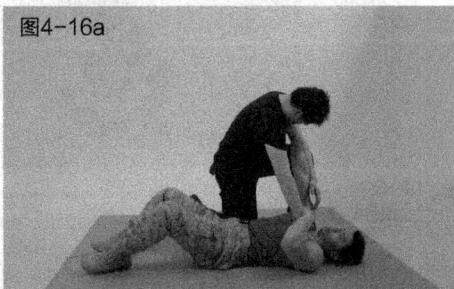

图4-16a

我方迅速将左手从对方右手上部掠过，并从内侧用手腕勾住对方右手（或者抓对方右手一根手指以增加控制效果），并猛力向左下方拉拽，同时伸右手用掌指推对方面部。

我方左手向左下方拉与右手向右上方推一气呵成。然后我方收右膝并使身体右转，将右膝插入对方右臂下方并将对方身体向后顶。同时我方左手顺势将对方右手按压在我方的胸前；我方右手推对方面部后，向下收回并抓住对方右前臂，使对方右手被牢牢控

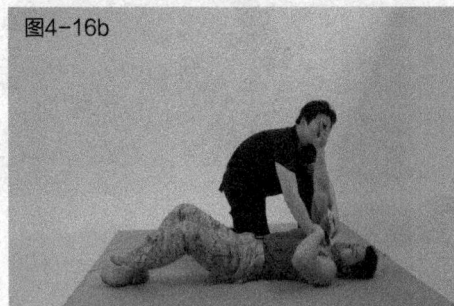

图4-16b

图4-16c

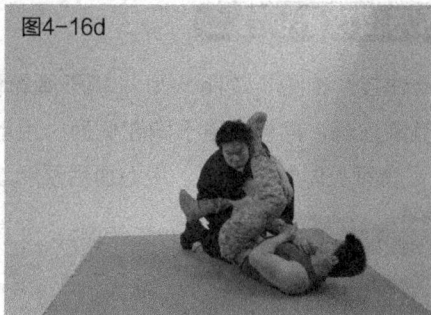

图4-16d

图4-16e

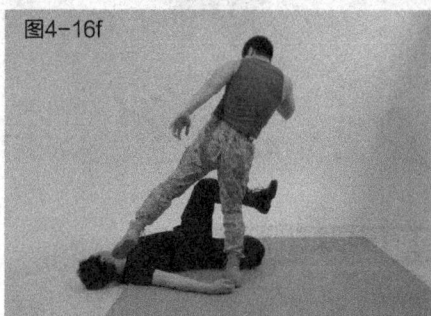

图4-16f

制在我方胸前。

　　然后左腿踹击对方头部或肩部，同时右膝用力向后顶对方身体，使对方左手无法前来救援或攻击我方头部。

　　左脚踹击对方腹部或胸部，使其倒地或后退。

　　右脚踹击对方胸部或腹部，进一步拉大对方与我方的距离，接着半起身左脚踹击对方，然后快速站立起身或向右转身站立。

　　然后迅速以格斗架势面对对方，可后退，也可继续进攻，例如接足球踢攻击对方头部。

　　技术点评：本技术链为利用地面缠斗技术与打击技的组合技术链。本技术链中搓推鼻软骨、足球踢都是竞技格斗禁用技术。

4.2 受身与地面上位攻击

4.2.1 对地综合攻击训练

体侧压制位攻击训练

　　单膝跪在胸靶上，使用自上至下的拳击、砸肘攻击、地面膝等攻击方法攻击胸靶。

四方位攻击训练

动作技术（图 4-17a ～ b）：跪于胸靶侧面，用砸拳、地面平击肘、地面碾压砸肘、地面直拳攻击，再单膝跪于胸靶侧面，用地面膝攻击胸靶侧面（想象用地面膝攻击对方头部）；也可身体越过胸靶，用地面后顶肘攻击胸靶侧面。

图4-17a

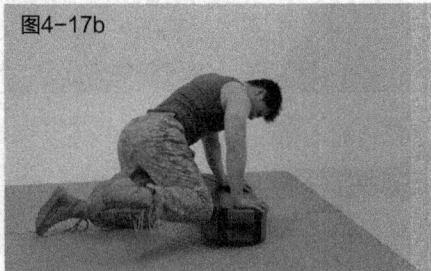
图4-17b

骑乘位攻击训练

动作技术（图 4-18a ～ b）：骑在胸靶上，用地面直拳、地面摆拳、地面平击肘攻击胸靶。

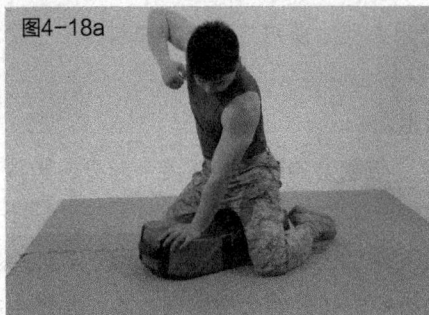
图4-18a

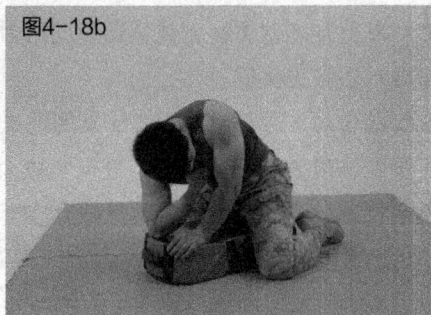
图4-18b

南北位攻击训练

图4-19a

动作技术（图 4-19a ～ c）：跪在胸靶前端的地上，用地面直拳、地面摆拳、砸拳、平击肘、碾压砸肘和地面膝攻击胸靶。

图4-19b

图4-19c

侧卧压制位攻击训练

动作技术（图 4-20a ～ b）：身体侧卧在胸靶上，用地面直拳、地面摆拳、平击肘、碾压砸肘攻击胸靶。

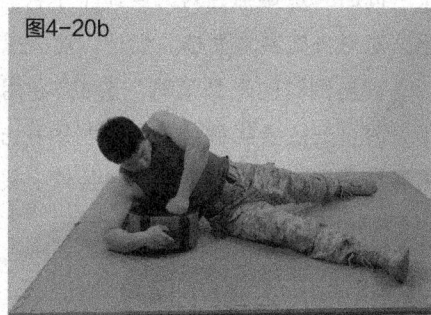

图4-20a

图4-20b

跪骑位攻击训练

动作技术（图 4-21a ～ c）：跪在胸靶前端的地上，用地面直拳、地面摆拳、砸拳、平击肘、碾压砸肘攻击胸靶。

图4-21a

图4-21b

图4-21c

4.2.2 被摔投时的倒地受身策略

（1）当对方近身利用各种抱腿摔、绊摔使我方失去平衡后，我方将被迫倒地，但我方倒地的同时一定要抓住对方身体（手臂、脖颈、头发均可），将对方一同拖入地面位，并且迅速对对方施展地面技。切记，对方呈站立位比呈地面位更危险。

（2）被击倒时的受身策略：当对方利用打击技已对我方重击，我方难以支撑身体即将倒地之时，一定要纠缠住对方并利用我方自身体重将对方拖入地面位。这样我方除了可以施展地面技以外，还可以运用各种小关节技和掌指攻击。

4.2.3 地面受身技术

地面受身技术：被迫倒地时，通过调整身体体位并利用技术动作减少人体与地面的撞击力，从而减轻倒地时的受伤程度。

地面受身技术的好处：减轻倒地时的受伤程度，使自身在摔倒的过程中处于有利位置。

本书专门设置了更加面向实战的受身技术——硬地受身。当危险或战斗发生时，你不可能选择场地，不会有垫子保护你。更多的情况下，危险或战斗可能发生在水泥路面、柏油路面、釉面砖路面或地板上。此时的受身难度明显高于有垫子的情况，但技术动作相近。

> **提示** 所有硬地受身动作应在熟练掌握垫上受身动作后再进行演练，以免受伤。

硬地前扑——缓冲式前扑

动作技术（图4-22a～d）：由站立位开始，突然向前扑倒；双脚向后蹬并且双腿叉开，双臂向下伸展；脚尖和手掌触地，而后屈肘降低身体，直至躯干与大腿触地，脸要

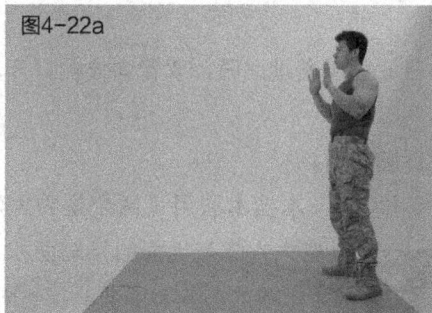

图4-22a

图4-22b

图4-22c

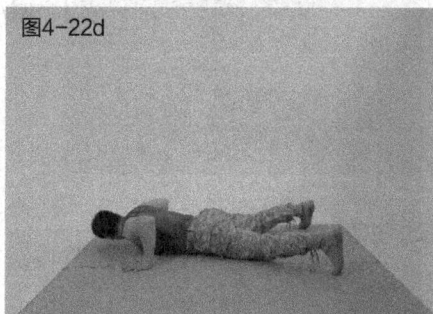

图4-22d

转向一侧，以免鼻子碰到地面。

<table>
<tr><td>动作分析</td><td>（1）双腿叉开：减小冲击力。
（2）脚尖触地：防止膝盖磕到地面；如果脚尖无法支撑身体，要尽量使大腿整个贴地以增大受力面积，减小膝盖损伤。
（3）手掌触地后屈肘：防止戳伤手腕。
（4）脸转向一侧：防止撞伤鼻子。</td></tr>
</table>

技术点评：本技术利用手臂肌肉离心收缩缓冲进行前扑动作，减小突然向前摔倒时身体的受伤程度，同时着地声音小，不易暴露我方目标。本技术动作需以俯卧撑击掌动作为基础。

硬地后倒——双臂展开飞鸟式缓冲

技术目的：在遭到前方大力猛推或失去平衡向后倒摔时使用，以减轻身体与地面碰撞造成的伤害。

双臂展开飞鸟式缓冲：后倒后身体向后圆滑滚动，双臂向体侧打开，掌心向下，双手及双臂拍地缓冲，避免后脑接触地面。

动作技术（图4-23a～c）：从站立位开始，当受到前方大力猛推或失去平衡向后倒摔时，先下蹲，利用腿部肌肉离心收缩进行缓冲；

待到蹲位失去平衡时顺势后倒，臀部着地；

腰部、下背部、上背部依次圆滑地着地，在上背部着地之时，双臂向体侧打开，双手及双臂拍地作为最后的缓冲。

动作过程中，收紧下颌，头部前伸，以免后脑着地。

图4-23a

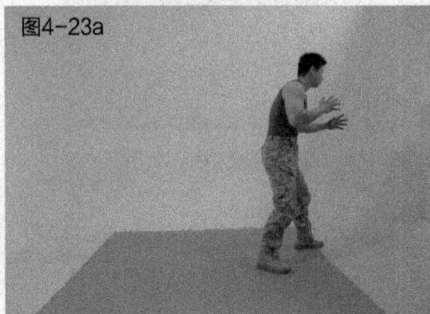

技术点评：本技术利用了两个生物力学特性——一个是增大人体与地面的接触面积，减小压强；另一个是增大人体与地面的接触时间，减小撞击力。

图4-23b

图4-23c

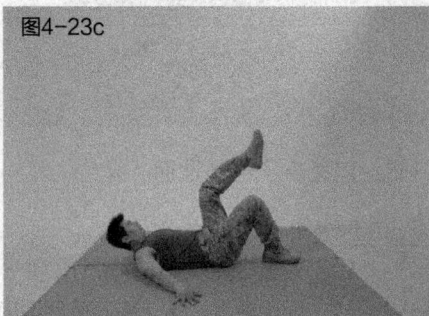

提示　　　　打开双臂并用双手及双臂拍地的目的在于增大身体与地面的接触面积，减小地面对人体的压强，从而减轻身体与地面碰撞造成的伤害。

侧倒滚身掌拍受身法

动作技术（图4-24a～d）：以我方右侧身体倒地为例，从站立位开始。

向前迈右腿并身体左转，接着抬右腿并下蹲到极限，左脚始终着地。

当左脚无法承受身体重量时，先左侧臀部着地向后倒去，接着右侧臀部着地。着地瞬间身体圆滑地向后滚动，同时左臂屈肘横于胸前，以防止受到攻击。当圆滑地向后滚动要达到颈椎时，右掌向下拍地，进行最后的缓冲。

提示　　　　抬哪条腿就向哪个方向倒。例如抬左腿就向左侧倒，抬右腿就向右侧倒。

图4-24a

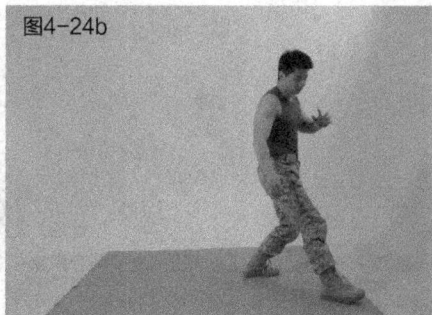

图4-24b

图4-24c

图4-24d

▶辅助训练

（1）专项力量训练：深蹲。

（2）动作训练：街舞式转体。

（3）分步训练：蹲位的侧倒滚身掌拍受身法。

4.2.4 地面上位攻击策略

地面骑乘上位：碰头技术

动作技术（图 4-25a～b）：我方在骑乘上位，使用砸拳或者肘击遭到对方防御时，用右手插击对方颈部，对方会反射性地仰头并收下颌；我方借势左手抓对方后颈（或者耳朵），右手推对方鼻子，猛力将对方后脑撞向地面。

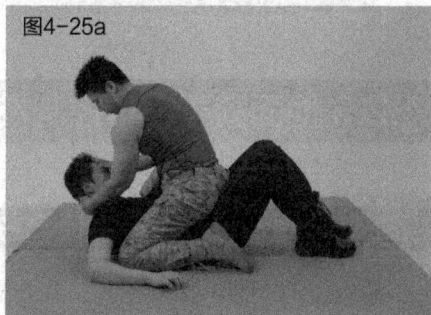

图4-25a

技术点评：本技术只适合在硬地场合使用。本技术也是任何竞技格斗的禁用技术。

图4-25b

地面侧位压制位：鼻压式站立技术

动作技术（图4-26a～c）：对方仰卧，我方处于侧向压制位，蹲在对方侧位或者跪姿成横四方位上位均可。我方使用肘击攻击后，迅速用右手掌推压对方鼻子左侧，利用压鼻产生的疼痛迫使对方向右扭头，同时我方发力站起。接足球踢或者持械攻击。

技术点评：擅长打击技的MMA竞技选手可以利用本技术摆脱地面纠缠，更快地回归站立位。

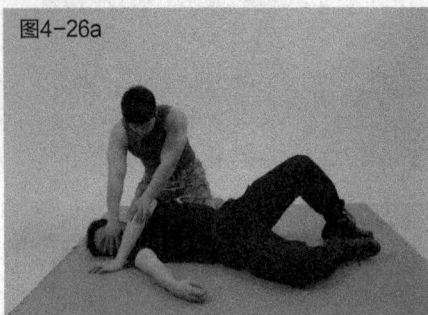

图4-26a

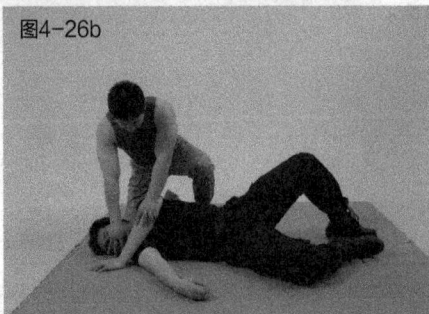

图4-26b

图4-26c

4.2.5 地面骑乘上位控制技术

交叉压臂＋拉手上臂环锁＋右拳连击

动作技术（图4-27a～h）：我方位于骑乘上位；对对方进行窝式插掌和拳击；

待对方双臂护头防御时，我方用右腿顶靠对方左上臂；

我方右手推对方右臂，左手推对方左臂，使对方两臂在胸前交叉（右臂在上，左臂在下，我方可用左手下推对方的右上臂以向下压制对方左臂，使对方左臂也无法进攻。此时我方可用右拳击对方左侧头部或左软肋来分散对方注意力）；

然后我方身体前倾，压住对方交叉的双臂；

我方左臂从对方脑后穿过，并用左腋夹住对方左臂；

然后左手抓对方右手，最终使我方左臂和对方右臂形成环锁，锁住对方左臂和脖颈。这种利用对方一只手臂可以同时锁住其另一只手臂和脖颈的锁技叫作双臂环锁。

随后我方进行右拳攻击或右肘攻击。

技术点评：本技术链在实战中完全实现的概率不大，但是部分实现的概率很大。利

图4-27a

图4-27b

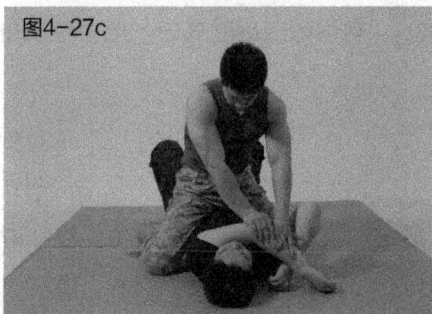

图4-27c

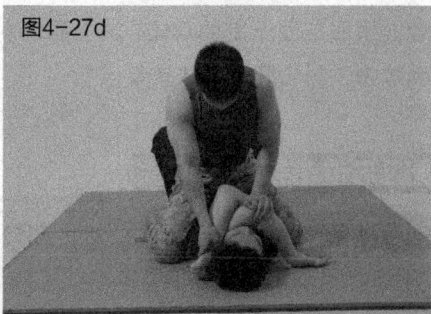

图4-27d

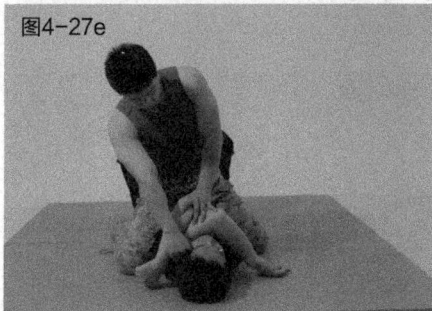

图4-27e

图4-27f

图4-27g

图4-27h

用推压对方手臂使其内收后无法外展的控制思路，无论在地面还是站立都有很广泛的用途。本技术链可以作为地面控制的一种训练手段。在战术格斗中有更加丰富的"肩关节超内收压制控制训练"。对于交叉双臂的超内收压制，我们称之为"双臂超内收压制控制"。

4.2.6 地面横四方位上位攻击策略

地面横四方固压制：对方仰卧，我方跪在对方头侧并用身体横向压制住对方上半身。

地面横四方固压制的优势：可以直接进行打击、关节技攻击或者转成骑乘位、南北四方固位进行继续攻击。

地面横四方固压制的攻击：地面后顶肘攻击、地面碾压砸肘攻击、地面膝攻击、外侧臂锁攻击、抖击腹股沟攻击等。

横四方位击打腹股沟

动作技术（图4-28a～b）：对方和我方成横四方固位，我方为上位，以在对方左侧为例；

我方把对方左臂向前推并用身体压住对方上臂外侧；

然后迅速用左手抖击对方腹股沟；

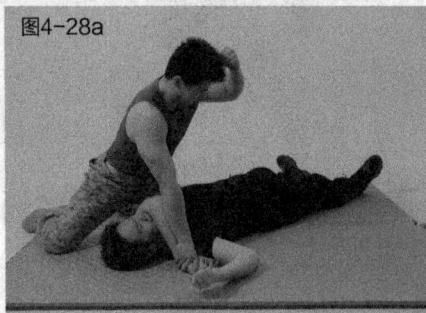

图4-28a

图4-28b

再接其他的攻击。

技术点评：本技术是竞技格斗禁用技。由于在地面施展抖击，因此无法形成一击即晕的效果。但是抖击腹股沟产生的剧烈疼痛可以为其他攻击创造条件。

▶横四方位压制，战术格斗打击技补充：

（1）地面后顶肘攻击（图 4-29a ～ b）

我方在横四方位上位，把对方左臂向前推并用身体压住对方上臂外侧；

我方身体越过对方上半身，左手压对方右腕，右肘后顶肘攻击对方头部右侧。

图4-29a

图4-29b

（2）地面四方位砸肘攻击（图 4-30a ～ b）

我方在横四方位上位，把对方左臂向前推并用身体压住对方上臂外侧；

我方身体跪起，右臂屈肘抬起，并用左手下压住对方右臂或者颈部；

接着右肘由上至下砸肘攻击，攻击时加入上半身舍身的体重加成，使肘击威力更大。

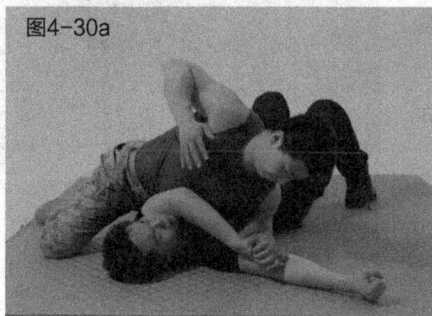
图4-30a

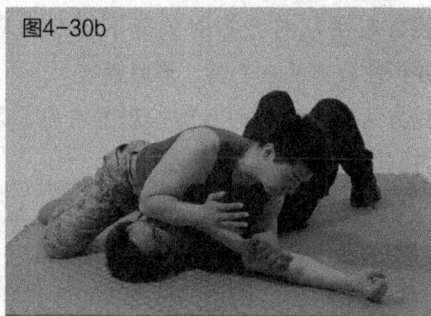
图4-30b

（3）地面四方位碾压砸肘攻击（图 4-31）

我方在横四方位上位，把对方左臂向前推并用身体压住对方上臂外侧；

我方身体微抬起，右臂屈肘抬起，并用左手下压住对方右臂或者颈部；

接着右肘由上至下、由后到前前搓攻击，

图4-31

前搓的主要位置是对方的鼻子和嘴。

（4）地面四方位地面膝攻击（图4-32a～b）

我方在横四方位上位，把对方左臂向前推并用身体压住对方上臂外侧；

我方用左手下压住对方右臂或者喉部，用右手压住对方脸部，左膝跪地，右膝抬起；

爆发性屈膝、屈髋，利用膝盖攻击对方头部左侧。

图4-32a

图4-32b

举手位外侧臂锁

动作技术（图4-33a～c）：对方与我方成四方位，我方在上位，对方在下位，把对方左臂向前推并用身体压住对方上臂外侧。

在该体位下（以对方头部在我方右侧为例），我方双手将对方右手腕用力前推并将其按在地面，并使对方右肘关节成直角，右手掌朝上；

我方左手从对方右肘关节下自左向右掏入，并抓住我方的右手腕，形成锁技。

我方两手用力顺时针旋拧对方右肩，即可将对方制服或扭伤对方右肩关节。

图4-33a

图4-33b

图4-33c

提示

（1）贴地要点：本技术要使对方的手背贴紧地面，完成关节技；对方手离地越远，对方手臂逃脱的概率越高。

（2）本技术在柔术中叫作腕缄，还有人称之为美式锁肩，但这两种命名都不能阐释该技术的使用方法。而在战术格斗中，该技术称为举臂位外侧臂锁，即"将对方手臂举过肩部，一只手压住对方手腕，另一只手从对方上臂外侧掏过并抓住我方手腕，便形成了锁。"该命名法便于我们进行技术记忆。

（3）本技术还有对称位的放臂位外侧臂锁控制，也叫作木村锁控制；同时本技术在骑乘上位也可以变形使用。

技术点评：本技术为地面关节技控制，可以在 MMA 竞技中使用。在实战中，建议先用四方位压制时的打击技，为举臂位外侧臂锁创造条件。当对方受到有效打击时，再使用本关节技。

4.2.7 侧位压制上位的攻击

袈裟固

由侧卧压制夹臂位到袈裟固（图 4-34a ～ b）

我方在对方右侧侧卧夹臂压制位，对方仰卧，我方两腿分开侧卧压制。我方要用左手抓住对方右臂，使其位于我方左腿上侧，并使对方右臂尽可能伸直。我方用左臂肘弯夹住对方右前臂。右臂从对方颈后自右至左绕过。

我方可接肘击或拳击对方面部，也可接前臂压颈窒息术。

此外，我方可进行袈裟固控制，即我方右臂回伸，右手拇指朝上，左手扣握，使用我方右胸、右腋下、右肱二头肌、右前臂、两手扣握形成的闭锁区域挤压对方颈部。

技术点评：本技术属于地面绞技。体重大者对体重小者使用，成功率更高。

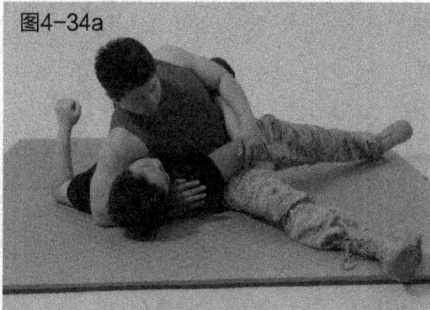

图4-34a

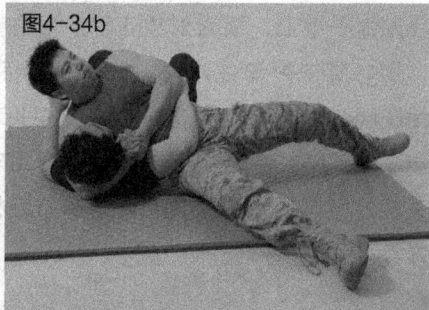

图4-34b

提示

（1）两腿交叉，用身体侧面向下压对方。做袈裟固时要将腋下贴近对方喉部，整个手臂尽可能深地契合对方脖颈。

（2）夹颈手臂的拇指向上，以增加桡骨对对方颈部的切压攻击效果。

（3）袈裟固绞紧后可加入扭颈动作，同时身体逆时针贴地面转动，扭颈时胸部下压以形成更好的勒绞效果。

（4）袈裟固时臀部要尽量离开地面，有利于把整个身体的体重压在对方身上，加强压制和控制效果，防止对方逃脱。

（5）袈裟固有很多变形和派生技术，本书不做详述。

4.3 地面下位攻击策略

4.3.1 倒地后对站立者反击

勾踹绊摔——外侧勾踹绊摔

动作技术（图4-35）：我方倒于地上，面对对方正面。我方向右侧身，用右脚向内勾住对方左脚跟并向回拉；同时用左脚向外、向左踹击对方左腿胫骨外侧或膝关节外侧；同时两腿加上逆时针旋拧动作，利用对对方膝关节内侧副韧带的压力，即可有一定概率使对方被勾踹倒地。

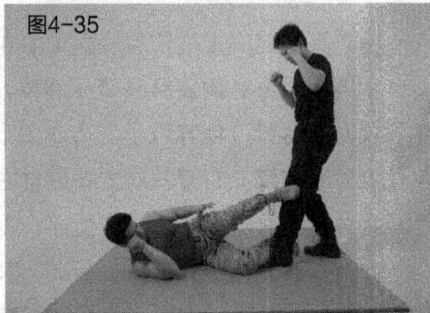

图4-35

勾踹绊摔的变形——内侧勾踹绊摔（图4-36）

我方倒于地上，面对对方正面。我方向右侧身，用右脚向内勾住对方右脚跟并向回拉；同时用左脚向外、向左踹击对方右腿膝关节内侧；同时两腿加上逆时针旋拧动作，利用对对方膝关节外侧副韧带的压力，即可有一定概率将对方勾踹倒地。

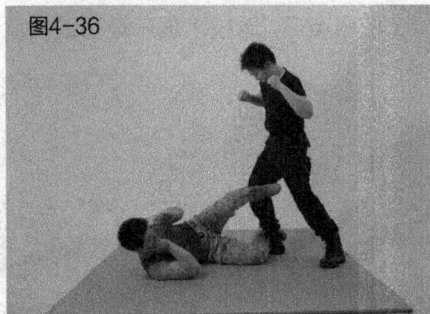

图4-36

技术点评：本技术是地面位对站立位的关节技。本技术需要出其不意地使用。充分了解人体膝关节结构，发力迅猛快速，会增大使用本技术的成功率。本技术如果加入抱腿动作，对膝关节攻击效果巨大，须谨慎使用。

4.3.2 地面跪骑下位策略

护头格挡（下位三角式护头法）+ 左右摇闪 + 膝腿阻挡 + 下位踹蹬

动作技术（图 4-37a ~ j）：当对方呈跪骑位跪在我方的两腿之间且我方在下位时，我方要先将前臂抬起护于脸前，肘关节呈 90 度，双手相扣（就像中国武术中的抱拳礼），使我方两前臂和相扣的双手形成以相扣双手为顶点、两前臂为腰的等腰三角形——这叫作下位三角式护头法；

同时我方上半身在地面左右大幅度摇闪并在地面后退，以伺机抓住对方出拳时的手腕；

然后我方收起双膝，大腿向内靠并用双膝抵住对方胸部或两侧软肋或者腋下向外推，使对方直拳无法打到我方脸部；

然后迅速收右腿，用右脚横向抵住对方左肋并向外推，为左脚蹬踹创造合适距离；

腾出左脚向后猛收，身体在地面拱起（就像仰卧举腿提臀那样），左脚蓄力后迅速用左脚跟向上、向外踹击对方下颌，将对方踹翻；

然后我方快速站立或后侧肩滚翻站立。

技术点评：本技术链是地面打击技的组合技术链，简单易学。性子急、横冲猛打型选手尤其适合使用此技法。本技术链也可以作为地面下位防御地面砸拳类格斗选手的心理素质训练。

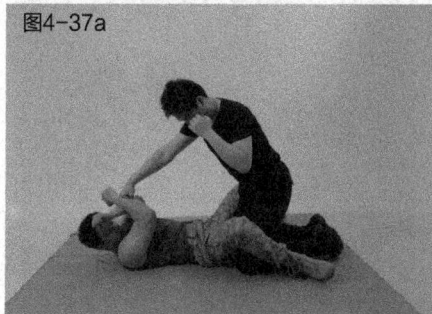

图4-37a

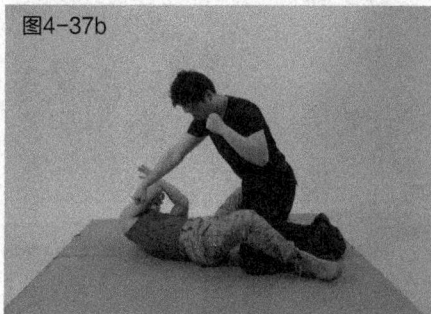

图4-37b

图4-37c
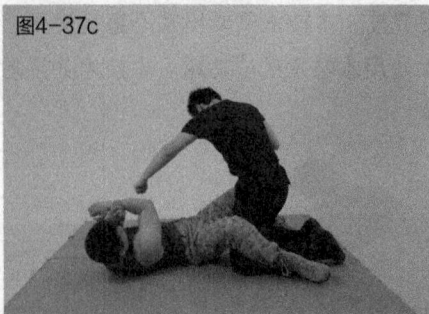

图4-37d

图4-37e

图4-37f
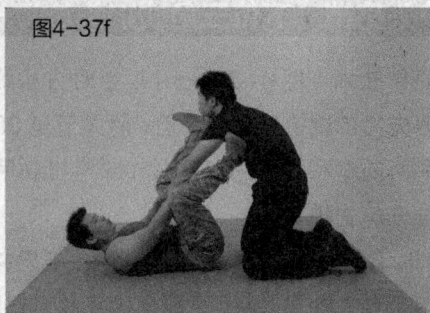

图4-37g
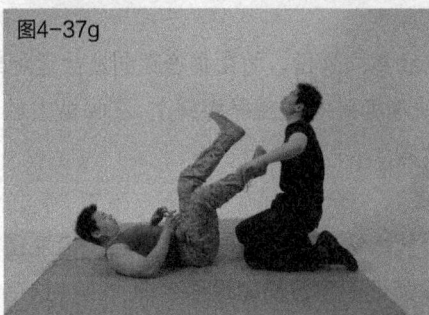

图4-37h
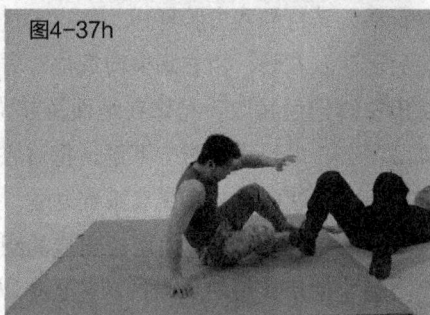

图4-37i

图4-37j

拉近翻转法：下位腿固 + 面部攻击推扳头摔式翻身法

腿固抱拳举臂双压臂拉近法 + 扳头摔式下位翻转 + 鼻推碰头法攻击

（1）腿固抱拳举臂双压臂拉近法（图 4-38a ～ c）

对方在我方上方成跪骑位；

我方双腿由外向内缠住对方腿，同时脚腕从内向外缠住对方脚腕；

双手抱拳从下腹处向头的方向举臂至高举过头顶；

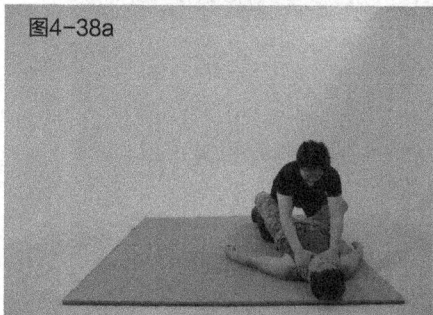
图4-38a

然后双手向外打开，即可从对方的掐颈状态下解脱；

打开后用我方两前臂外侧把对方两前臂压在地，与此同时，双腿向下蹬踹，产生对对方腿膝关节的反关节作用，迫使对方身体靠近我方身体，为下一步翻转做好准备。

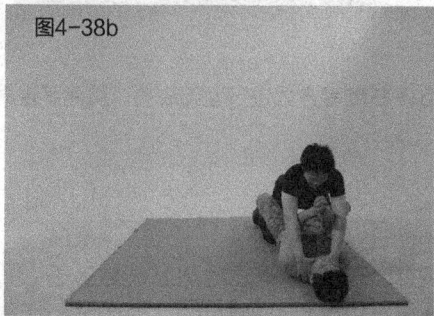
图4-38b

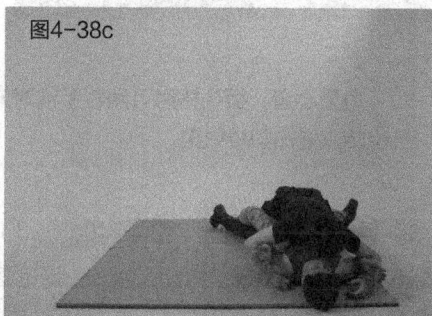
图4-38c

> **提示** 利用拉近翻转法的力学原理，改变转动惯量，使旋转更易完成。

（2）扳头摔式下位翻转（图 4-39a ～ e）

图4-39a

拉近对方后，我方左手绕到对方脑后并抓住对方左侧头，右手推击对方下颌，两手逆时针旋转对方颈部，同时腰部也逆时针发力旋转，形成合力，将对方翻转成下位。

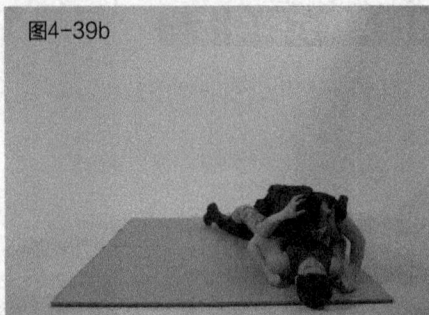

图4-39b

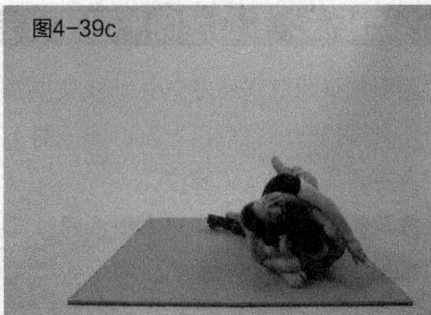

图4-39c

图4-39d

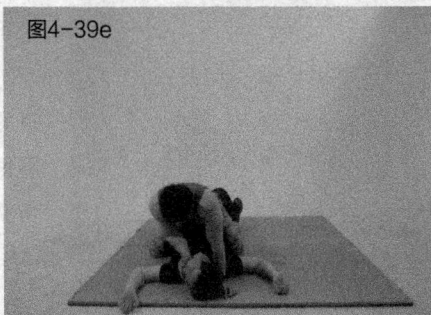

图4-39e

力量小者，扳头摔时可用右手推对方鼻子右侧等方式进行面部攻击，再两手逆时针旋转以增加翻转效果。

（3）鼻推碰头法攻击（图4-40a～d）

翻转后，我方处于对方上位，左腿迅速站起呈右膝单膝跪地状态，抬右手，用右手掌跟对对方鼻孔处软骨进行上推，使对方头被迫后仰，后脑撞地；

对方鼻软骨和后脑受到双重打击后，我方借此机会起身衔接面部攻击，然后逃脱。

技术点评：本技术链可实现翻转控制，同时可以给对方以沉重打击。这是利用地面特殊关节技、打击技、体位转换的技术链。整体使用在MMA竞技中有犯规倾向，但在防身自卫的危急关头可以用。

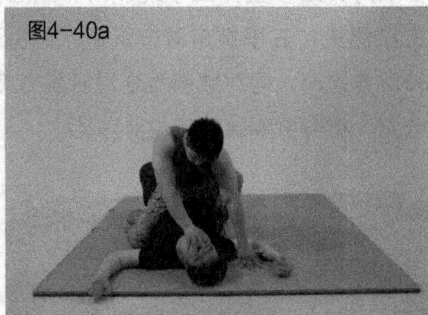

图4-40a

图4-40b

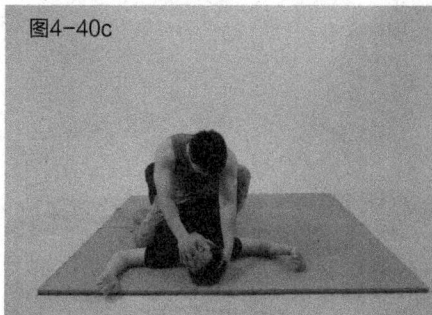
图4-40c

图4-40d

4.3.3 对袈裟固的反击：侧位三角绞肘击法

技术链：推脸侧位三角锁 + 锁肘 + 右砸肘（图4-41a ～ h）

对方对我方进行侧卧压制位（袈裟固）锁颈技术；

我方用左手拇指上推对方右眼，同时用右手拇指上推对方鼻孔，且用右手食指攻击对方面部，两手运动轨迹为向上向前推，使对方头后仰；

我方迅速用左腿腘窝勾住对方脖颈并用力下压，同时身体扭转，使对方尽量向左翻身；

我方右腿立刻压住自身左脚脚背与胫骨下端夹角处，形成三角锁；

同时我方用左臂夹住对方右前臂，以我方左大腿为杠杆用力下压，对对方右肩关节施压，从而制伏对方；

此时也可在控制对方后，用右肘下砸对方胸部右侧。

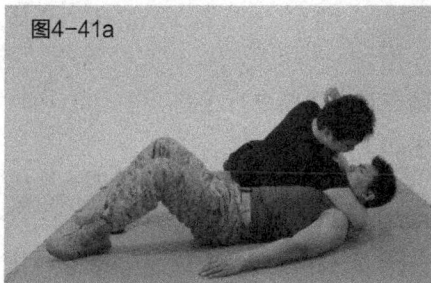
图4-41a

图4-41b

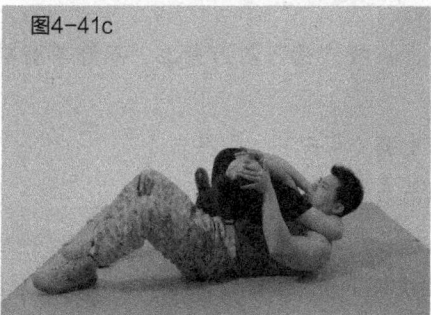
图4-41c

图4-41d

图4-41e

图4-41f

图4-41g

图4-41h

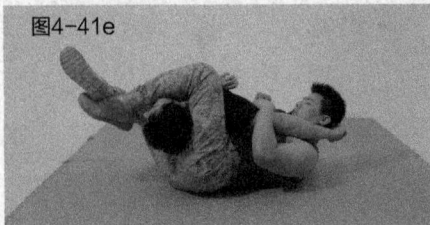

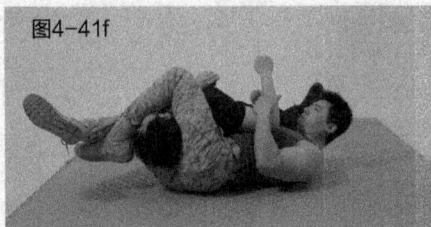

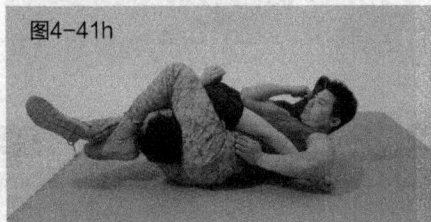

技术点评：本技术是一种地面绞技和地面关节技的组合技术。作为对袈裟固或者侧卧压制位的反击技术，本技术既可以帮助我方摆脱对方控制，又可以帮助我方控制对方，甚至可以使对方窒息。

4.4 地面技术的其他问题

4.4.1 地面拿背位策略

地面拿背位：对方呈俯卧位，我方双腿跨骑在对方腰部进行压制。

地面拿背位的优势：可以进行控制或者打击。

地面拿背位后续攻击：砸拳、肘击、头槌、肩关节关节技等。

拿背位碰头

动作技术（图4-42a～b）：对方趴于地面，我方骑在对方身上，左膝单膝跪地，右脚着地；

左手抓对方下颌左下侧，右手抓对方头右上侧（可抓右上侧头发）；

左手向上拉对方下颌，然后右手猛推对方头右上侧以进行攻击。

提示

攻击过程是，先将头上拉到极限，然后用力向下推并撞地，再拉、再推，如此往复。

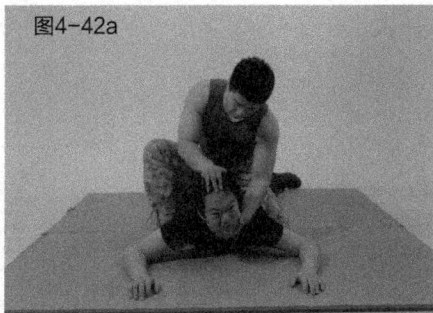

图4-42a

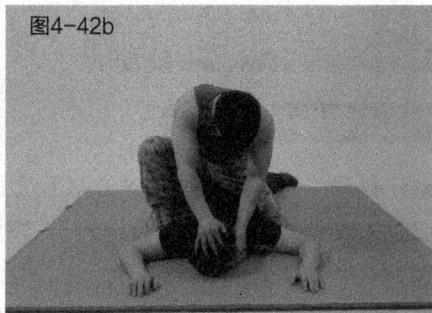

图4-42b

技术点评：在以色列格斗术中，有很多利用地面墙面作为武器的攻击，但在竞技格斗中均为禁用技术。

地面鼻拉拿背位裸绞

动作技术（图 4-43a～c）：对方已俯卧于地面，我方骑到对方背上并转换成俯卧位；

我方欲使用裸绞，对方收下颌防御，我方无法将右前臂插入对方颈前；

我方先用左手食指侧面回勾对方鼻子，并用力后拉，迫使对方因疼痛而仰头，从而打开前颈；

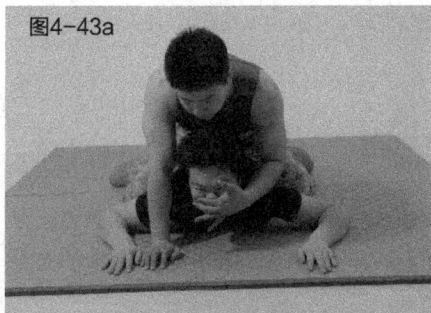

图4-43a

然后伸右臂从对方颈前掏过，同时放下左臂，使右手握于左臂肱二头肌，形成对颈部的锁技——裸绞；

我方右臂向后拉并回收，左臂向内收，左手前伸，按住对方后脑并向前推，同时用我方额头顶住我方左手背持续向前施压。

图4-43b

图4-43c

技术点评：鼻拉式裸绞是一般裸绞的升级版，在战术格斗中是平常的技术，但在MMA 竞技中一般被认为是禁用技术。

4.4.2 对十字固的防御

拳拉法争夺控手权

动作技术（图 4-44）：当对方对我方进行十字固时（以我方右臂被十字固为例），我方右手迅速握拳并向内旋腕右手腕，使掌心向前以减少对方双手与我方右手腕的接触面积，伸左手从内侧（手背侧）抓住右拳拳捶处，两手一同用力向左拉，直到右臂逃出对方双手的纠缠。

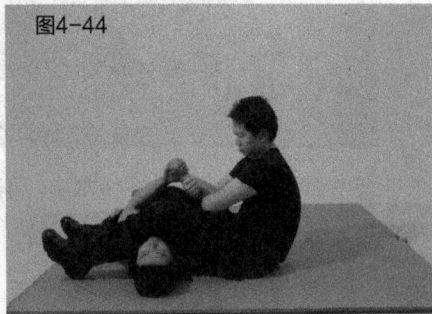

图4-44

补充：也可以用双手扣握法进行防御。

补充：拳拉法的破解。

如果遇到对方双手救援防御，即当我方向下扳折对方右臂时，对方伸左臂抓住其右腕或右拳，双手向我方扳折并反方向回拉时，我要先用左臂肘弯处勾住对方右肘窝，再用右手掌跟推对方左手一根或几根手指的手指尖，迫使对方松开救援手。当对方左手因疼痛而松手时，我方要立即双手回拉，完成十字固动作，以免被对方再次防御。

技术点评：本技术作为应对十字固的一般防御方法，可以看作站立式应对对方双手抓单手时的拳法摆脱技术的地面应用。

4.4.3 摔投+地面控制法

通常地面技是从摔投开始的，该内容是对摔投技和地面控制技的一种整合表述。从该内容开始，读者可以把所有特殊摔投法和地面攻击法相整合，以达到摔投 + 地面攻击模式的综合运用。

后位偷袭 + 搜身

动作技术（图 4-45a ~ b）：对方在前方站立，背对我方；我方偷偷摸于对方身后，呈右脚在前的箭步蹲状（我方的右腿正好在对方两腿之间的位置）；伸双手抓对方脚腕前侧，猛力后拉并上提，可以利用我方肩部顶住对方臀部以起到杠杆支点作用，增加摔投效果；接着，我方双膝跪于对方腰部；左右直拳攻击对方后脑；扭锁对方左臂于背后，再扭锁对方右臂于背后；接着用双手抓住对方背后的双手；我方身体右转面对对方侧面；双手抓其左臂并后拉，使对方侧躺；我方伸右手对对方正面进行搜身。

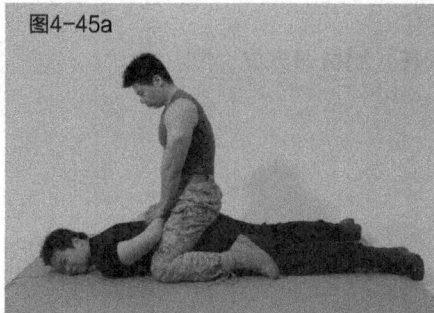

图4-45a

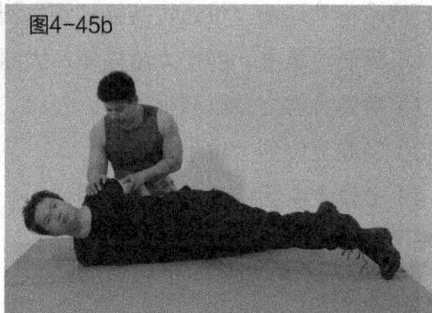

图4-45b

▶战术格斗补充：

（1）搜身部位：搜索外衣内兜防止对方有刀或手枪；搜索上衣口袋；搜索腰带防止对方腰带上别有武器；搜索裤兜。如果对方穿多袋裤，所有裤袋也要一并搜索。若发现武器，立即解除。

（2）限制对方运动：主要是可在搜索腰带的同时解下对方腰带并抽走；也可以脱掉对方的鞋子。此方法可防止对方逃跑，或者在对方强力攻击时，使我方处于逃脱的有利地位。

（3）本技术在实战中，最好运用战术格斗——警用抓捕技术体系，上好背铐，才能保证成功率与实战效果。

技术点评：本技术是偷袭摔投技与地面战术搜身的结合运用。笔者曾指导的警用抓捕实战，证明了这套以色列格斗术的抓捕技术使用成功率较低。实战中在拿背后最好进行背侧战术上铐，才能真正实现有效抓捕。

4.4.4 地面位转换技术

地面技基础——体位变换训练

1.侧向跪位，转推臂四方位，转骑乘位，转侧卧压制位，转推臂四方位，转南北四方位，转推臂四方位，转骑乘位组合转换训练。

2.侧卧压制位，推臂四方位，反向侧卧压制位，骑乘位组合转换训练。

3.腹部趴在对方胸腹部的旋转体位训练：以胸腹部为支点，双脚离地，靠双手不停拍击地面的反作用力使身体在对方身体上旋转。

> **提示** 也可在转换到骑乘位的过程中，加入单臂环锁技术。

训练点评：本训练可以综合地面上位的各种体位变换，为实现各种体位间的连续攻击打下地面体能模式的位置转换基础。

4. 战术格斗地面上位体位转换训练举例：

（1）跪骑位鼻推，肘挫大腿内侧，大腿翻转，到横四方位上位。

（2）横四方位上位到骑乘上位。

（3）骑乘上位到上位十字固位。

（4）上位十字固位到下位十字固位。

（5）下位十字固位到下位三角绞位。

> **提示**　要按顺时针转换和逆时针转换两个方向练。

4.4.5 地面寝技对练组合示例

1. 对方打出右直拳，我方搪打结合防御右直拳。

2. 我方拉臂抱腰臀投。

3. 地面位我方使用十字固。

4. 对方拳拉防守。

5. 我方推手破防继续十字固。

6. 对方推腿防御转跪骑位。

7. 我方封闭式防守。

8. 对方肘推法破解封闭式防守。

9. 对方对我方右腿使用踝锁。

10. 我方对对方左腿使用踝锁。

技术点评：利用对练组合把多种技术融合在一起，可以极大地增加技术动作的复习效率。但是训练后也要注意随机应变，避免技术僵化。

第 5 章

以色列格斗术

徒手对武器

策略与技术

应对棍击的方法

徒手控刀技术

近身控枪技术

5.1 应对棍击的方法

棍子是常见的钝器攻击武器，在暴力犯罪中经常被采用。棍子的长度使其具有远距离攻击的特点，因此具备很大的攻击力。鉴于此，如果距离持棍对手 5 米以外，可以选择转身逃跑；如果距持棍对手 2 米以内，转身逃跑则可能被对手持棍追击，这样做的危险程度甚至高于面对对手，因为后脑有可能遭到攻击。本节内容重点讲述在 2 米以内的范围内如何对付持棍对手。

棍击的原理分析

棍子属于钝器，需要有效的攻击距离和攻击蓄力才能击伤对方。挥棍的动作以肩关节或肘关节为旋转轴，距离旋转轴越远，其线速度越大，动量也就越大，造成打击的冲量也就越大，从而使打击力越大。通俗说就是越靠近棍梢，挥棍的打击力越大，而在棍子中部打击力减小，在棍子靠近手腕处打击力更小。根据这一原理分析，得出我方徒手对棍原则。

徒手对棍思路

闪避近身，让棍子失去打击力，然后综合运用关节技与打击技，最终夺下棍子。

本节徒手对棍技术可在遇到持棍歹徒或敌方时使用。本书偏重关节技夺棍、反击和反控制，其技法有一定难度。

5.1.1 徒手对棍的原则

时机

夺棍的时机有两个：举棍蓄力和攻击落空。

距离

安全距离有两个：棍梢以外和近身内围。

发力点

棍子攻击时，棍梢威力最大，靠近手持处威力最小。

具体原则

（1）远离棍袭。

（2）内围安全。

（3）控制场面。

（4）攻击发生前上步近身。

（5）攻击落空出现硬直时反击。

（6）牢记棍子的攻击发力点。

注意：以下所有的徒手对棍或夺棍方法都要遵循以上原则，以使自己处于安全的地位。

本节所需器材：护裆、橡胶棍。

注意事项：训练时采用橡胶棍。

5.1.2 徒手对棍技术

应对棍抵喉攻击：双格挡 + 拉棍攻击 + 推臂夺棍

动作技术（图5-1a～f）：当对方双手持棍用棍中部试图压我方咽喉时，我方迅速伸两前臂截击对方握棍的两个拳头；

然后顺势双手抓住棍中部；

踢击对方腹股沟；

右拳（或右手插掌）攻击对方面部；

右手拍击对方握棍的右手，迫使其右手松开；

然后双手握棍中部顺时针旋拧，将棍从对方左手虎口处向下夺下。

图5-1a

图5-1b

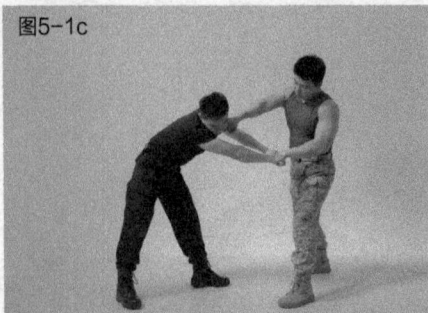

图5-1c

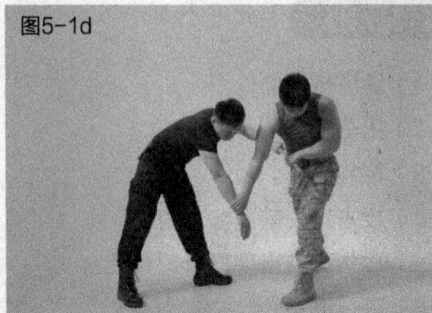

图5-1d

图5-1e

图5-1f

技术点评：本技术链是打击技与特殊攻击技术的组合技术链。前段的格挡、踢击腹股沟及拉棍拳击只有较强的攻击性，但是下推对方持棍手，没有从虎口处下掉棍子，成功下棍的概率并不高。应该改用"挑臂法下棍"，或者直接下推棍子法下棍。

正向劈棍的反击：插手冲拳 + 将肩膝撞 + 夹棍夺棍

动作技术（图5-2a～d）：当对方右手持棍劈击时（竖劈斜劈均可），我方迅速左上步，左手向斜上方插手（头贴于左上臂内侧），用左前臂外侧格挡对方右前臂内侧，同时借上步的惯性右手直拳攻击对方颈部；

然后左手从对方右手臂外侧抓其手臂，右手抓对方肩部；

左手拉对方右上臂外侧，右手拉对方右肩后侧将对方向我方拉带，同时抬右膝击对方腹股沟；

然后左臂肘部（或左腋下）自然夹住对方棍；

迅速向右转身，利用压制对方的左腕关节，使棍从对方左手虎口处脱出。

技术点评：本技术链是格挡技术、打击技及关节技的组合技术链，易学有效，但是没有使夺棍效能最大化，因为单靠腋下夹棍转身的力量在应对大力量者时，成功率有限。改良型的夺棍方式是在腋下夹棍转身的基础上加入右手握棍梢的拔棍动作，在战术格斗中叫作"腋下夹棍拔刀术"。多种力量的加成夺棍效果更好，同时"拔刀术"下棍后正好接一次持棍劈砍反击。

图5-2a

图5-2b

图5-2c

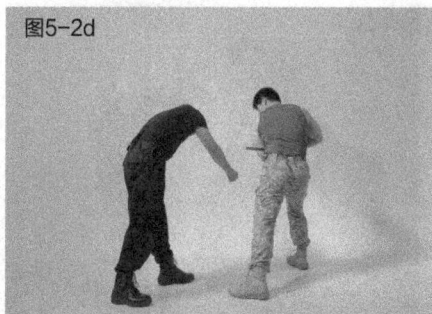

图5-2d

防御双手持棍的劈击：双前臂上步挡拆夺棍

动作技术（图 5-3a ～ h）：对方双手持棍自我方左上方劈棍打来，我方迅速上步抬双臂，用前臂尺骨外侧（或双手）前推，格挡对方持棍的双臂。

（1）若我方力量较小，用左手抓对方棍子根部并用力下压，右拳攻击对方面部（不超过 2 拳）；右腿踢击对方腹股沟；转身撤步双手夺棍，即右手和左手都握住棍子，以左脚为轴向后转身 180 度；右上步左转体劈击或左撤步右转体劈击；用棍梢戳击对方面部。

图5-3a

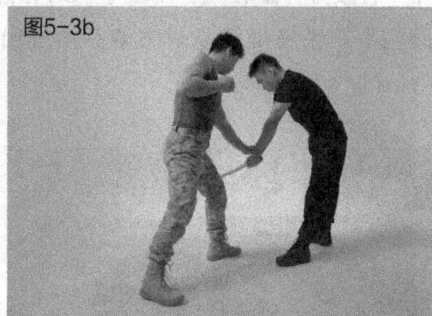

图5-3b

图5-3c

图5-3d

图5-3e

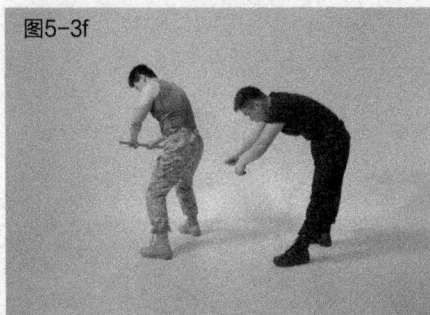

图5-3f

图5-3g

图5-3h

（2）若我方力量较大，用左手抓对方棍子根部，右拳攻击对方面部（不超过2拳）；左腿踢裆，左手将棍子从对方双手中抽出；双脚后撤；接棍交右手，左转体劈击（图5-4a～d）。

图5-4a

图5-4b

图5-4c

图5-4d

> **提示**　上步一定要快、步伐要大，这样才能保证我方前臂格挡的是对方的手臂而非棍子。即使我方用双臂格挡到棍子也不会受很重的伤，因为根据力矩原理，打来的棍子力量最大的部位是棍梢而非棍子中部或手持的根部。因此我方要果断上步，才能降低棍子造成的伤害。后退会造成对方的棍子连击，这样反而很危险。

技术点评：本技术是对棍格挡、打击技和抢夺技的组合技术。防棍的要领是迎着棍子上，有反击作用的踢击腹股沟或拉臂拳击要及时，为夺棍创造良好条件。

5.2 徒手控刀技术

5.2.1 预备知识

所需器械

护裆、护齿、橡胶匕首、白色T恤。

匕首的握法

正手握刀（图5-5）：手握匕首握把，刀刃从虎口侧伸出。

反手握刀（图5-6）：手握匕首握把，刀刃从拳锤侧伸出。

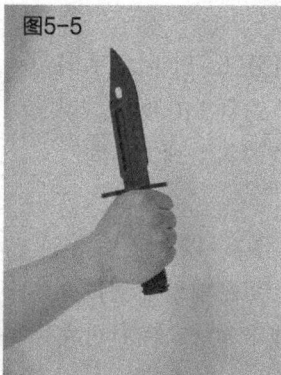
图5-5

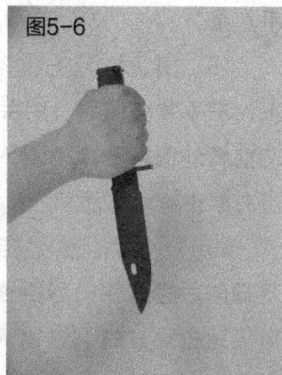
图5-6

针对匕首的防御原则

（1）控制距离，徒手尽量远离持刀者。

（2）两手对一手。用我方两只手死死抓住对方持刀手腕，伺机夺刀。

（3）使用关节技夺刀。

徒手对刀的基础训练——全方位格挡训练

对匕首的格挡技术是一切对刀逃脱和夺刀技术的基础，其基本原理是 360 度全方位格挡技术，主要是通过 7 个不同位置的格挡手位训练，应对可能出现的匕首攻击。另外，对于匕首直线捅刺，要加入一个上转步滚推抓腕技术。

▶各种匕首攻击的应激格挡反应体能训练（以下均以对方右手持刀攻击为例）

（1）举臂下刺的格挡（图 5-7）：左前臂抬过头顶，用左腕外侧棱处格挡对方的持刀手腕，同时出右拳击打对方面部。

图5-7

（2）斜劈式划刀的格挡（图 5-8）：我方左手掌心向前，左前臂举过头顶，肘关节呈 45 度角，用前臂外侧棱处防御斜上方的斜劈攻击，同时出右拳击打对方面部。

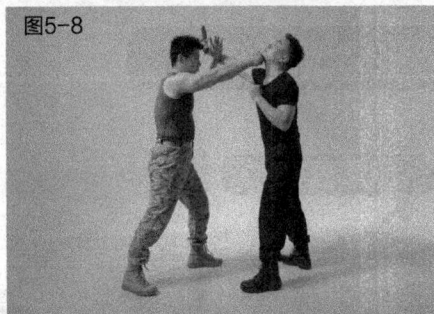

（3）横向正手划刀的格挡（图 5-9）：掌心向前，做举手投降状，肘关节呈 90 度角，用前臂外侧格挡横向攻击，同时出右拳击打对方面部。

图5-8

（4）横向反手划刀的格挡（图 5-10a～b）：双臂前臂外侧格挡对方持刀侧前臂外侧，或者一手推肘，一手推腕。可接左手抓对方腕，右手直拳。

（5）斜上划刀的格挡（图 5-11）：左手向下，左手掌心向后，肘关节约呈 110 度角。用左前臂外侧棱处搪击斜下位的斜上划刀，同时出右拳击打对方面部。

图5-9

（6）下位捅刺的格挡（图 5-12）：前躬身，双脚向后搓跳并向后拱臀，用左前臂外侧棱处向下搪击对方的下位捅刺或下勾拳，同时出右

图5-10a

图5-10b

图5-11

图5-12

拳击打对方面部。

（7）直线捅刺的格挡（图5-13a～c）：左上转步，用左前臂外侧棱处滚推式格挡对方持刀右前臂腕部外侧，顺势抓住对方右腕，接右直拳击打对方面部。

图5-13a

图5-13b

图5-13c

提示
（1）以上的格挡都不是被动格挡（摆好手型去等待对方攻击手的到来），而是主动格挡，即主动用我方前臂外侧棱处去撞击对方攻击手的手腕。
（2）格挡硬度训练。对对方手部攻击的手臂格挡，在中国功夫中也称搪手。由于激战时情况多变，我方前臂外侧很可能会撞到对方手臂外侧，双方都会感到剧痛，所以我方要有意训练前臂外侧棱处的硬度。

▶训练如下

a. 双臂对砸（图 5-14a ～ b）。对方用左臂前臂外侧棱处砸我右前臂上最坚硬的部分。由于训练水平和遗传因素，每个人前臂上坚硬部分不同，对方可砸我方右前臂内侧棱处，也可用右手拳击我方左前臂外侧棱处。

图5-14a

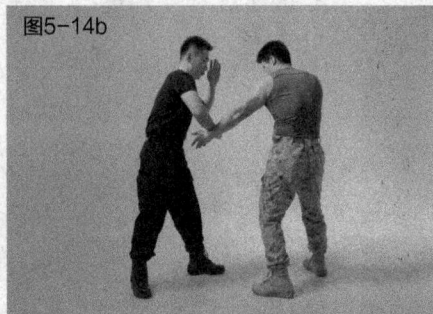

图5-14b

b. 砸胫骨（图 5-15）。我方用右前臂外侧棱处砸自身小腿胫骨坚硬处。在训练前臂尺骨硬度的同时，也训练了扫腿胫骨的硬度。

c. 撞树，撞墙角。

（8）以上所有格挡训练熟练后，要随机进行左右手不定攻击及不定搪打训练。

技术点评：以上这七种针对对方持刀的格挡技术是在无路可退，对方持刀袭击时的应急

图5-15

防御技术，可以减轻对方持刀造成的伤害，并为自身的逃脱或者关节技控刀夺刀创造条件，也是后面各种复杂对刀技术的基础练习。

▶补充

还有一类特殊的徒手格挡对方持械的格挡技术，整合版的以色列格斗术略有涉及，但是没有被统一总结并找出规律性的训练方法。主要有以下几种：转身撤步下搪手——对抗低位捅刺时使用；上搪手接兜底搪手（也叫连续搪手）——对抗举臂下刺时使用；后来被战术格斗重新提炼出的雁形手（又分下位正雁形手、下位反雁形手、左雁形手和右雁形手）——可对抗低位的各种捅刺，及正反手的各种水平划刀。

提示　　以上3种对匕首的格挡方式均可承接相应的关节技夺刀，但由于本书的篇幅关系，不做详细介绍。

5.2.2 徒手对刀基础格挡、反击与逃脱训练

正面持刀威胁的反击

方法一：斜打技术＋双抓臂＋踢击腹股沟（图 5-16a ～ g）

对方右手持匕首顶住我方胸部对我方造成威胁；

我方迅速侧转上步，伸左手掌自对方外侧斜上 45 度方向拍击对方持刀手的手背；

图5-16a

待对方持刀手闪出空档，我方右手迅速抓紧对方持刀手的手背，左手抓紧对方持刀手的手腕或者前臂，左肘向下沉，使其低于对方肘关节，右手向前、向上推对方持刀手的手腕，使对方肘关节折叠，并用力向后推对方；

当双方距离拉开时，用前腿前踢对方腹股沟，控制住对方的持刀手臂后，可连续前踢对方腹股沟，然后迅速撤离逃走。

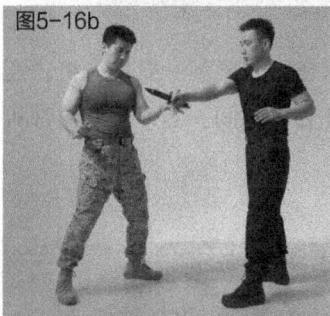

图5-16b

图5-16c

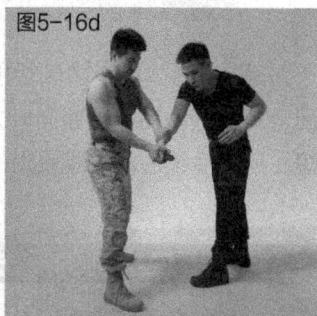

图5-16d

图5-16e

图5-16f

图5-16g

技术点评：本技术链是特殊格挡技、控制技和打击技的组合技术链。在实战中，如果我方有后路可逃，可以斜上拍打，让开对方持刀路径后直接踢击对方腹股沟，待对方腹股沟剧烈疼痛时转身逃离。如果选择了中间的双手抓腕、抓臂动作，后面可以用外侧腕锁关节技摔投对方并夺下匕首。

方法二：飞行物佯攻＋踢击腹股沟（图5-17a～c）

对方右手持匕首顶住我方胸部对我方进行威胁；

如果我方手中有随手物品，顺手向对方面部抖掷；

待对方躲闪或者防御时，我方"指上打下"，迅速起前腿踢击对方腹股沟，然后转身逃离。

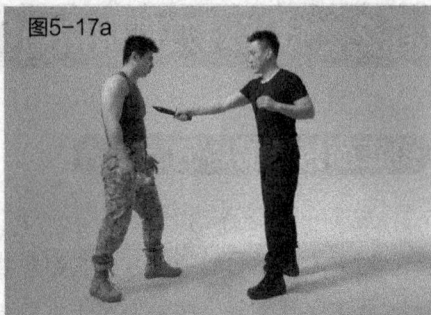

图5-17a

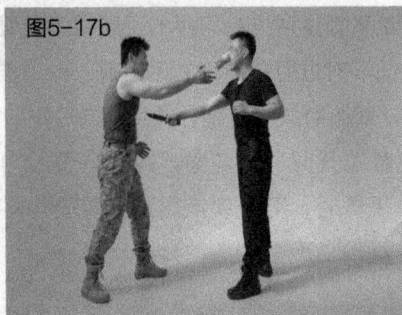

图5-17b

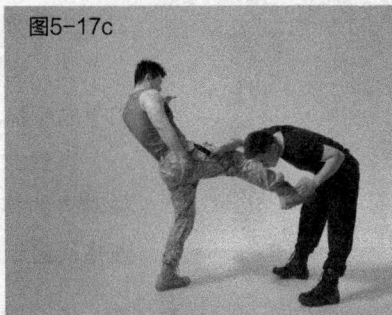

图5-17c

技术点评：本方法是利用广义武器和打击技的组合技术链。如果手中有打火机、纸团、烟头等物品，迅速向对方面部抖掷，可以为我方争取1秒的时间。因为争取的时间短，所以后续的踢击腹股沟一定要快。

持刀下位捅刺的反击：躬身下挡反击＋挺身踢击腹股沟

动作技术（图5-18a～b）：当对方右手正握持刀从下位捅刺我方左下小腹时，我方迅速前躬身，用左手下位搪手阻截对方持刀手的手腕，同时收腹向后顶臀，双腿向后小跳以增大刀尖与小腹的距离，同时出右拳攻击对方下颌。

接着伸髋，挺身，前腿前踢对方腹股沟，成功后转身逃离。

图5-18a

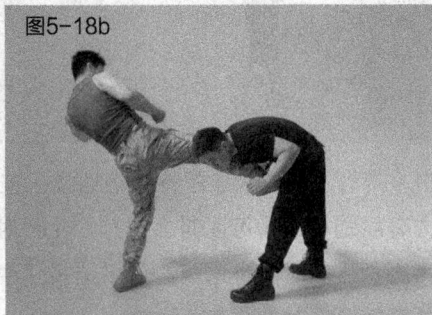

图5-18b

技术点评：本技术是格挡技术与打击技的组合技术。使用者一定要注意下位搪手使用尺骨阻截对方手腕，而不是用手下推。

对付反手横向划刀：推挡直拳 + 踢击腹股沟

动作技术（图5-19a～c）：当对方右手正握持刀从我方右侧到左侧进行反向水平划刀攻击时，我方迅速上步，用前臂外侧格挡；

我方左手抓对方右腕并下压，右手出直拳；

接着右腿前踢对方腹股沟，成功后转身逃离。

图5-19a

图5-19b

图5-19c

技术点评：本技术是格挡技术与打击技的组合技术。可以省略中间的推臂拳击，直接用前踢腹股沟技术。

持刀举臂下刺的反击：外上挡反击 + 踢击腹股沟

动作技术（图5-20a～c）：当对方反手持刀举臂下刺时，我方迅速上步，举左臂（肘关节呈90度左右），用横向的前臂外侧坚硬处搪击对方举刀手的腕部，同时右手向前击打对方面部（或将其推开）。

接着右腿前踢对方腹股沟，成功后转身逃开。

技术点评：本技术是格挡技术与打击技的组合技术。如果冲得过近，可以格挡反击后接抱肩膝撞。

图5-20a

图5-20b

图5-20c

5.2.3 徒手控刀训练组

持刀直线捅刺的反击：眼镜蛇控制

该技术主要用来对付直线偏下位捅刺。

动作技术（图5-21a～d）：我方呈左脚和左手都在前的格斗势站立，当对方右手持刀向我方左胸捅刺时，我方迅速左上转步站于对方右臂外侧（双方成L型站位），我方伸左臂从对方右臂下侧格挡并由下至上抱住对方右上臂向上拉（用我方的左上臂将对方右上臂向上挑起，双方两上臂相互垂直，且肘关节均呈直角）。

我方迅速伸右手，掌心向上抓住对方持刀手（四指在其拳背侧，拇指在其右手掌心侧），将对方持刀的前臂向前、向左推，使对方右肘关节成直角，右前臂竖直向上。

然后我方右手向下卷折对方右手掌指，同时我方左手按在自身的右手上，两手一同用力卷折对方右手掌指，迫使对方刀落地。我方继续用力卷折使对方彻底被控制——此时对方被控制的右手臂就像一只昂起头的眼镜蛇，因此该控刀技术叫作眼镜蛇控制法。

> **提示** 对方也可能会将右肘关节顶在我方的胸前，那么我方双手向下卷折对方右腕的同时，用力向上向前顶胸，以增加对对方右腕的压力，提高落刀的成功率。

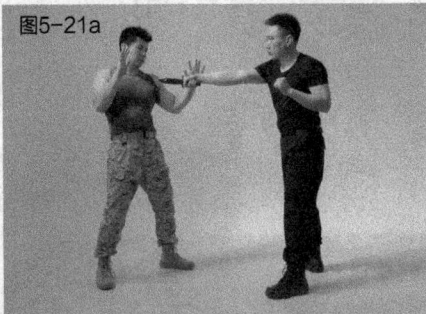

图5-21a

图5-21b

图5-21c

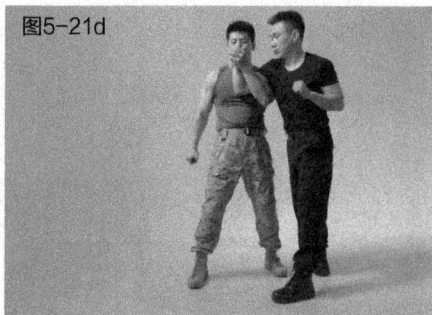

图5-21d

技术点评：本技术是躲闪技术、站立关节技在控武器中的运用。本技术在实际对战中，在对方出刀时的反击成功率有限，但在偷袭式控武器中成功率很高。

持刀直线捅刺的反击：上转步外侧格挡 + 拉臂拳击 + 踢击腹股沟 + 外侧腕锁投摔 + 地面内侧腕锁夺刀

动作技术（图 5-22a ～ h）：当对方从前方用刀捅刺我方胸部时（以对方右手持刀为例）时，我方迅速左上转步，用左前臂外侧棱处滚推式格挡对方右前臂；格挡完成后，迅速使我方左前臂外侧沿对方右前臂向前滑动并翻手抓对方右腕；

此时由于上转步作用，我方和对方呈 L 型站位，接着用右直拳击打对方面部；

右手抓对方右手手背向内滚推卷折；

右腿踢击对方腹股沟；

身体左转，左脚后撤步，左手逆时针旋拉对方右腕内侧，右手逆时针旋推对方右手背，用外侧腕锁将对方扭倒；

右腿后撤步，身体右转，同时向右旋拧对方右手腕；

右手下压对方右手背并向内卷折对方右手腕，将刀夺下。

> **提示**
> （1）中间直拳与踢击腹股沟动作可以省略，直接接后面的攻击。
> （2）外侧腕锁的发生条件中，站位条件最好是双方呈 L 型站位。

图5-22a

图5-22b

图5-22c

图5-22d

图5-22e

图5-22f
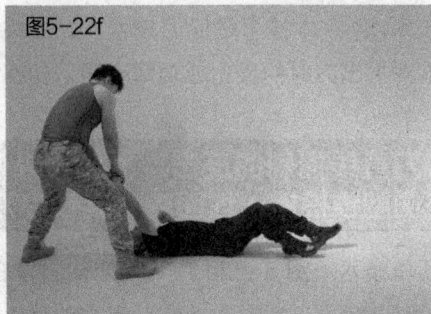

图5-22g
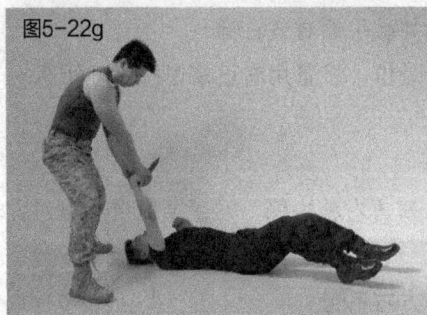

图5-22h
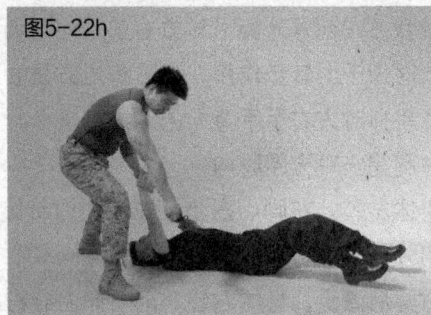

▶ 其他夺刀方法（图5-23a～c）

在外侧腕锁成功后控制对方手腕，接着我
方身体向左转并迈过对方头部；

向后退并回拉对方右手腕，迫使对方由仰
卧位变为俯卧位；

通过卷折对方手腕把刀夺下；

双膝压住对方背部，将其制服。

技术点评：本技术链是躲闪技术、格挡技
术、站立关节技的综合运用，开始的躲闪与抓
腕是本技术链的难点。

图5-23a
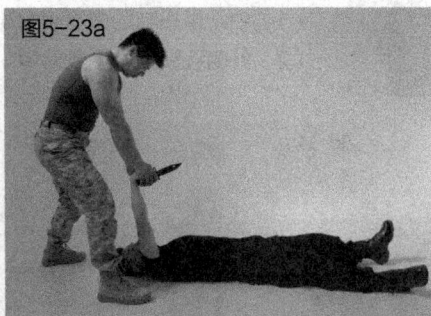

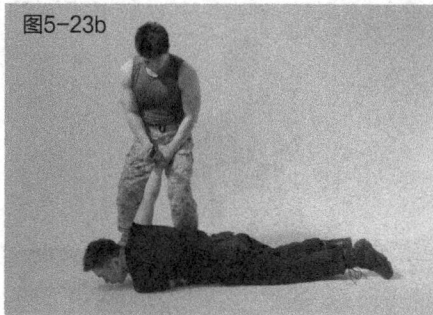

图5-23b

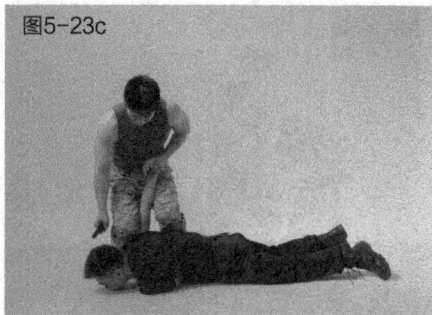

图5-23c

持刀举臂下刺的反击：上挡出拳 + 拉臂膝击 + 外侧臂锁转身投下刀

动作技术（图 5-24a ～ d）：当对方举刀自上至下刺我方时（以对方右手持刀为例），我方迅速举左臂用前臂外侧棱处向上、向外搪击对方持刀手腕，并向左微转身以使对方持刀手向左上崩开，同时出右直拳击打对方面部；

我方左手顺势抓对方右臂并向前、向外推折，尽量使对方右臂向外伸直，右手下拉对方右肩，同时我方身体向左侧滑步移动，用右膝撞击对方腹部（前面的直拳可省略掉，直接接拶肩膝撞动作）；

我方右臂从对方背后伸出，掏入对方右臂肘窝处，并用右手抓自身左前臂，形成外侧臂锁；

我方迅速以右脚为轴，身体顺时针旋转且左脚不停跟步，将对方投摔倒地（我方也可直接以左脚为轴，右撤步顺时针旋转，完成投摔技术）；

继续向右旋拧对方右臂，即可夺下刀；

最后我方右手握住对方的刀，左手抓住对方右手腕，控制对方。

▶ 辅助训练

（1）对上位搪打结合接抓臂抓肩训练。

（2）站立外侧臂锁训练。

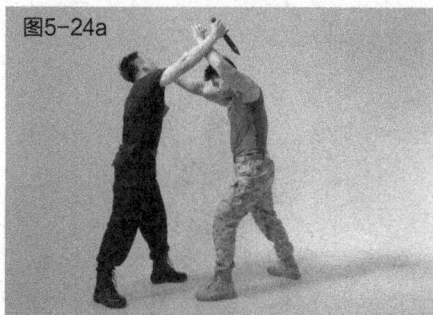

图5-24a

图5-24b

图5-24c

图5-24d

技术点评：本技术是格挡技术、站立打击技、站立关节技与站立关节投的组合技术。

5.2.4 地面位防御匕首攻击

被对方跪骑位后的搪打训练

（1）直接格挡应对砸拳——格挡的同时直拳反击（图5-25）

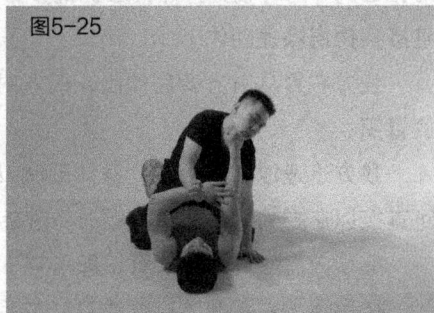

图5-25

对方在我方上方呈跪骑位并出右砸拳攻击我方面部，我方用左前臂外侧棱处向上直接进行搪架，并用右拳攻击对方面部。然后换对方左拳攻击的格挡训练。

（2）滚推格挡应对直拳——格挡的同时直拳反击（图5-26a～c）

对方在我方上方呈跪骑位并出右直拳攻击我方面部，我方用左前臂外侧棱处向右滚推式格挡并顺势抓住对方右腕，接着右拳攻击对方面部。然后换对方左直拳攻击的格挡训练。

图5-26a

图5-26b

图5-26c

技术点评：本技术是格挡技术与打击技的组合技术。作为基本功练习，其主要目标是训练应对对方上位第一击的正确反应。本技术只起到骚扰作用，目的是为后面的关节技控制创造条件。

格挡后接外侧臂锁

动作技术（图5-27a～e）：对方在我方上方呈跪骑位并出右砸拳攻击我方面部，我方用左前臂外侧棱处进行搪架，并用右拳攻击对方面部；

我方左手格挡后迅速抓住对方右前臂背侧，并向上推举对方右臂，右手击打后抓对方后脑或右肩后侧并向下拉拽；

图5-27a

我方右手从对方右臂下掏入，抓住自身的左腕，形成外侧臂锁；

我方迅速顺时针扭转双臂并向右侧转身，使对方向我方右侧前扑，此时我方左腿缠住对方右腿，右腿缠住对方左腿，以加强锁技效果；

最终我方通过对对方右肩和下肢施压将对方制服。

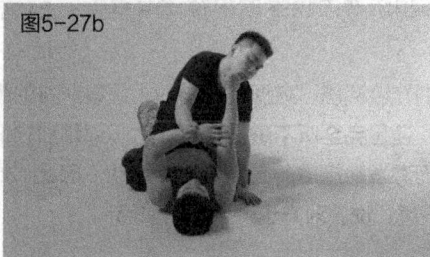
图5-27b

图5-27c

图5-27d

图5-27e

技术点评：本技术是格挡技术、打击技与关节技的组合技术，是地面下位被动防刀的基础训练。

5.3 近身控枪技术

了解和掌握应对手枪威胁的方法，可以增大危急状态下求生的可能。

应对手枪威胁的一般原则有以下几点。

1. 说服对方

真正强大的永远是心灵和精神力量，因此当遇到持械歹徒时，要试图平复对方的情绪并说服对方放下武器。可以把一部分钱财交予对方换来逃生的机会。即使对方不听我方的意见，也要尽量用语言拖住他，用钱财迷惑他，为之后施展逃脱技术和武器控制技术创造条件。

（1）首先我方要心理强大，自身情绪稳定，切不可表露恐惧或愤怒情绪。情绪具有传染性。我方的恐惧会进一步激发对方施暴的自信和施虐心理；我方的愤怒会使歹徒不安，歹徒的愤怒也可能被点燃；我方的大惊失色和大声叫喊会使歹徒不知所措，有可能歹徒被吓跑，也有可能歹徒生出马上灭口的邪念。总之，面对歹徒，一定要保持镇定。

（2）用法律做武器。告诉歹徒这样做可能给他带来的法律后果。

（3）利用心理共情。告诉歹徒，他这样做会失去与父母、妻子、孩子等亲人的联系；建议他做点儿堂堂正正的营生；劝告他为了一些小事，犯不着动武器等。

以上说服方法只是浅显的原则。说服术与预防暴力侵害的内容还有很多。

> **提示** 说服技术需要强大的精神力量和丰富的社会阅历，有深厚阅历的人只看对方的眼神和表情就能马上推断出这个人可以说服，还是完全听不进任何话。对于那种欺软怕硬的歹徒，你的说服会被认为是软弱，从而激发他施虐和暴力侵害的冲动。因此，如果我方在与歹徒的心理和眼神较量中占据下风，说服对方这一条则需慎用。

2. 逃脱技术

对付持武器者要格外小心，尤其是持枪者，一旦被武器打到，轻则致伤，重则丧命。因此逃脱应为上策，应尽量避免与对方近身和纠缠，采用一般竞技格斗的打击技和摔投技与对方纠缠更是将自己置于危险境地。只要你的拳脚击打力不能达到一记击晕的效果，你用拳头踢腿攻击，对方用枪射击，你将身处危险之中。即使你将对方击倒，只要对方没有晕眩，倒地后的射击仍然可以对你造成严重伤害。

但逃脱也不是简单地跑，因为情况复杂，你转身逃跑也可能遭到歹徒的射击，这同样会使你身处危险之中。因此逃跑有如下前提：在非危急时刻或场面可以把控的情况下，可以自己示弱，先放松对方的警惕，再趁其不备逃脱，或者利用谎言骗取对方信任，然后伺机逃脱。

3. 武器控制

这也是几种以色列格斗术所提供的主要技术。当在狭窄区域（例如在胡同里、交通工具上、酒吧里等）与持枪歹徒遭遇，短时间找不到逃跑路径，且对方执意要对你进行攻击时，你就要奋力一搏控制武器。这便是以色列格斗术的应对方式。

这里是控制或夺取武器而非与对方搏斗，空手者要趁其不备，快速夺取武器。夺下武器后，歹徒无论从实际破坏力还是心理上都将处于劣势，那时你可将歹徒制服，或成功逃脱。

控制与抢夺手枪的技术主要是站立关节技、站立打击技和技击步伐的综合运用。下面给出整合版的以色列格斗术应对近身手枪威胁的方法。

5.3.1 正面近身持枪威胁的控制

外围闪身控制法

（1）抓枪筒的上撬下枪法：前方手枪威胁——上转步抓枪筒上撬夺枪法（图5-28a～c）

当对方从前方用手枪威胁我方时，我方迅速左上转步并侧身躲开手枪攻击路径，伸左手从外侧抓住手枪的枪筒并下压对方持枪手臂，使我方进一步远离手枪攻击路径，同时我方抓枪筒的左手进一步向内发力，以产生对对方持枪手的内卷腕效果；

右直拳攻击对方面部；

我方身体下蹲，伸右手从手枪下方掏入，并用右手四指抠住手枪击锤处，右手用力向外拉，将手枪从对方手中撬出；

撬下后迅速后撤步到3米以外。

技术点评：本技术链是站立躲闪技术、抓握技术和腕关节技在控枪中的综合运用。上转步抓枪有两种可能性，这是其中之一，下边介绍另一种可能性。

图5-28a

图5-28b

图5-28c

（2）抓腕的下枪法：前方手枪威胁——上转步抓腕内推夺枪法（图5-29a～f）

当对方右手或双手持枪从我方正面用手枪威胁时，我方迅速左上转步躲过枪口，并伸左手抓对方右手腕，将对方右臂前推并下压，以使我方进一步远离手枪攻击路径；

同时我方右手掌心向上从手枪下方抓住手枪枪筒侧面，左手下拉，右手向前推并逆时针扭转对方手腕，即可将手枪夺下。可身体左转，猛力向对方左臂外侧推出，以增加夺枪效果。

夺下手枪后可前踢对方腹股沟。

然后迅速后退到3米以外。

图5-29a

图5-29b

图5-29c

图5-29d

图5-29e

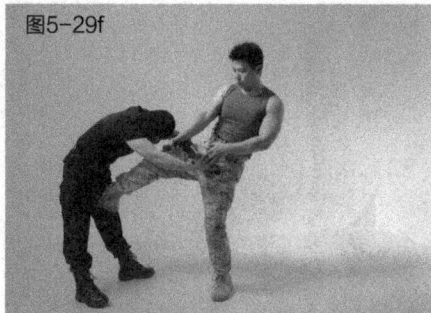

图5-29f

技术点评：本技术链是站立躲闪技术、抓握技术和腕关节技在控枪中的运用。上转步抓枪有两种可能性，这是另一种可能性。

5.3.2 侧位近身持手枪威胁的控制

转身架腕抱臂卷腕夺枪法

动作技术（图 5-30a ～ d）：当对方用手枪侧向指背威胁（以对方右手持枪指我方右侧后背为例），我方先举手佯装投降；

然后右转身用右上臂架开枪筒右侧（始终用右上臂紧贴枪筒右侧）；

右手顺势从对方右腕上掏过，并用肘弯夹住对方右腕桡骨侧，同时折对方右腕桡骨侧，并用前臂将对方右腕压在我方右胸上；

逆时针旋拧对方右腕，使其腕产生内卷腕效果；

此时，枪筒应指向我方右侧，我方身体可适当前倾以增加卷腕效果；

架腕的同时，我方伸左手从枪筒上部抓枪；

我方右臂肘弯夹住对方右腕，左手向前撬并逆时针扭转，即可夺下手枪。

技术点评：本技术是站立格挡技术、缠控技术和腕关节技在控枪中的综合运用。

图5-30a

图5-30b

图5-30c

图5-30d

5.3.3 后位近身持手枪威胁的控制

外侧转身法

当对方用手枪指背威胁（以对方右手持枪指我方后背为例）时，我方先举手佯装投降；

然后右转身用右上臂架开枪筒右侧（始终用右上臂紧贴枪筒右侧）；

右手顺势从对方右腕上掏过，并用肘弯夹住对方右腕桡骨侧，同时折对方右腕桡骨侧，并用前臂将对方右腕压在我方右胸上，之后逆时针旋拧对方右腕，使其腕产生内卷腕效果（此时，枪筒应指向我方右侧，我方身体可适当前倾以增加卷腕效果）；

架腕的同时，我方伸左手从枪筒上部抓枪；

右臂肘弯夹住对方右腕，左手向前撬并逆时针扭转，即可夺下手枪。

技术点评：本技术是站立格挡技术、缠控技术和腕关节技在控枪中的综合运用。本技术的使用建立在熟练掌握转身架腕抱臂卷腕夺枪法的基础上。

5.3.4 防御抓领枪顶下颌

综合控制法

动作技术（图5-31a～f）：对方左手抓住我方衣领，右手用手枪自下至上顶住我方的下颌左侧；

我方伸左手从对方右前臂外侧抓腕，从左向右推对方持枪手，使我方躲过对方射击路径，同时我方向后仰头；

我方伸右手，用三角抓枪法抓枪；

左手拉对方右腕内侧，右手抓枪逆时针旋拧并大范围摆击右肘，有一定概率可以夺抢，同时又可肘击到对方左下颌；

用枪托反打对方右下颌；

左手推对方面部，右手成功夺枪。

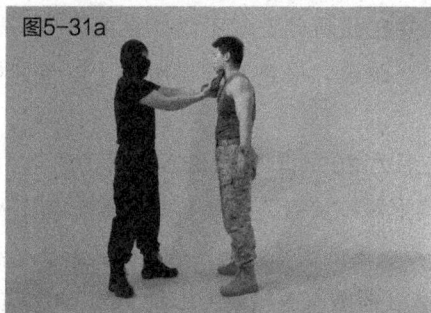

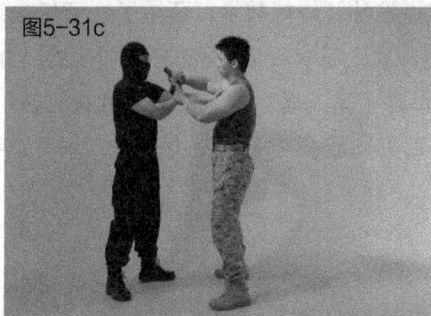

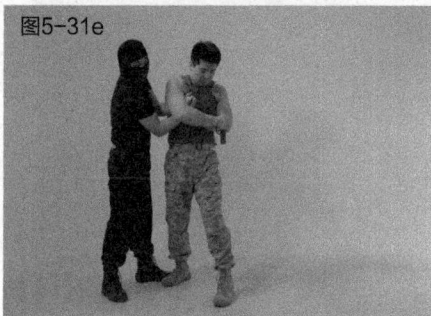

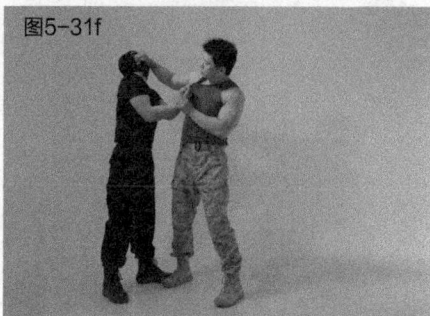

图5-31a

图5-31b

图5-31c

图5-31d

图5-31e

图5-31f

技术点评：本技术是抓腕技术、腕关节技、三角抓枪法和打击技的综合运用，是根据以上给出的控枪技术拓展出的控枪方法。

作者简介

继续者张付早年赴美学习过多个体系的以色列格斗术，获得了突击队马伽术国际导师认证。回国后，他进行了多年以色列格斗术教学工作，并在此基础上对不同体系的以色列格斗术进行了梳理、整合、改进，最终写作出版了《以色列格斗全书》。

继续者张付曾先后为 2016 年里约奥运会男子双人 10 米台、单人 10 米台双料冠军陈艾森，国家七人制橄榄球队队员，以及国家散打队队员提供体能训练指导服务。他还曾先后在某特种警侦部队、中国人民解放军某机动突击队、北京特警总队、中国人民公安大学、广东省某武警支队进行军事格斗及体能教学，获得了认可和欢迎。

此外，继续者张付参与广东省体育局课题一项，著有《以色列防身术》《终结膝痛》《打造格斗的肌肉》等图书，在北京大学组织举办了第一届"继续者战术擒摔比赛""继续者有护具战术格斗比赛"，在中国人民解放军某防暴处突击队举办了第二届"继续者战术擒摔比赛"。